HISTORIQUE

DE

L'ARTILLERIE BELGE

PAR

J. J. TH. TIMMERMANS

Lieutenant d'Artillerie

Pius est Patriæ fata referre labor.

BRUXELLES ET LEIPZIG

LIBRAIRIE MILITAIRE C. MUQUARDT

MERZBACH ET FALK, ÉDITEURS

Libraires du Roi et du Comte de Flandre

1886

HISTORIQUE

DE

L'ARTILLERIE BELGE.

HISTORIQUE

DE

L'ARTILLERIE BELGE

PAR

J. J. TH. TIMMERMANS

Lieutenant d'Artillerie

Pius est Patriæ fata referre labor.

GAND

IMPRIMERIE A VAPEUR F. MEYER-VAN LOO, RUE DE FLANDRE, 48.

1886

HISTORIQUE

DE

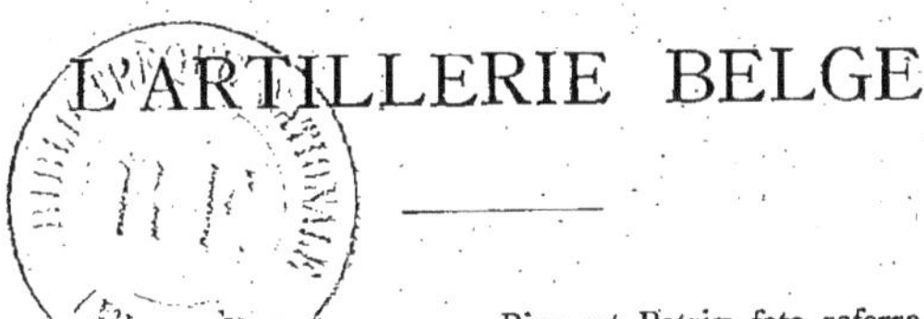

L'ARTILLERIE BELGE.

Pius est Patriæ fata referre labor.

L'esprit de corps est une des premières vertus militaires. Il nait de la connaissance des hauts faits auxquels nos devanciers ont assisté. Pour l'exalter, il convient que nos jeunes soldats entendent la relation des traits de courage de leurs pères, qu'ils apprennent des noms dont la Belgique a le droit d'être fière.

Ces nobles souvenirs, ces exemples glorieux les convieront à pratiquer, comme leurs aînés, les vertus patriotiques et guerrières. Le patrimoine de l'artillerie est riche en actions d'éclat et il semble, à les considérer, que d'instinct, nos compatriotes ont aimé cette arme dont nous devons garder religieusement les traditions.

Déjà des historiens ont écrit les fastes de l'artillerie et le Colonel Henrard notamment a exposé, d'une manière complète, « *L'histoire de l'Artillerie en Belgique depuis son origine jusqu'au règne d'Albert et d'Isabelle* (Bruxelles Muquardt, 1865).

M. Vanderhaeghen, bibliothécaire de l'Université de

Gand, en écrivant « *l'histoire de la Gilde souveraine des Couleuvriniers, Arquebusiers, et Canonniers, dite Chef Confrérie de St Antoine, à Gand,* » nous a conservé le souvenir des efforts faits par nos canonniers-amateurs pour se perfectionner dans l'art de tirer le canon et coopérer ainsi à la défense de la Patrie et de ses franchises.

Enfin les généraux Renard et Eenens nous racontent les faits de guerre de nos batteries pendant les campagnes de 1815 et 1831, en Belgique. Nous emprunterons encore à d'autres auteurs les matériaux nécessaires à la rédaction de cette notice.

Nous sommes entrés dans quelques détails pour les batteries de 1814 et de 1831. Toutefois nous ne raconterons pas les campagnes auxquelles elles ont pris part, ces événements ayant eu sur les destinées de la Belgique une influence telle qu'ils sont connus de tous.

L'Histoire nous apprend que si rien ne prouve que les Flamands aient inventé l'Artillerie, on ne saurait du moins leur contester le mérite d'avoir été des premiers à s'en servir à la guerre [1].

Il est universellement admis que toutes nos communes de 1360 à 1380 étaient bien pourvues d'artillerie [2] et les registres de la Keure gantoise donnent passablement de détails sur celle de la commune de Gand qui, de bonne heure, fut nombreuse et puissante [3]. Ce qui est certain encore c'est que les Gantois eurent, les premiers, en 1382, l'idée de transporter leurs canons en campagne et, sous la

---

[1] HENRARD. *Histoire de l'Artillerie en Belgique,* p. 27,

[2] VANDERHAEGHEN. *Histoire de la Gilde souveraine* etc. p. 212.

[3] HERMAN VAN DUYSE « *Gand monumental et pittoresque.* » Bruxelles 1885, p. 92.

conduite de Philippe Van Artevelde, ils s'en servirent si bien à la journée de Beverhout, (près de Bruges) que malgré leur grande infériorité numérique ils battirent l'armée du comte Louis de Maele. Des écrivains contemporains étrangers parlent avec admiration des nombreux charrois d'artillerie que les Gantois menèrent à Poucques, à Hulst, à Bruges etc. (¹) Ce grand nombre de bouches à feu amenées en campagne est fait pour étonner si on le compare à celui des canons actuellement employés dans la guerre de campagne. A cette époque les calibres étaient très petits, les dimensions des bouches à feu donc très-restreintes et leur approvisionnement peu considérable. Les communes pouvaient ainsi se payer le luxe d'une nombreuse artillerie, exigée d'ailleurs par sa tactique, car on ne pouvait charger les bouches à feu devant l'ennemi; le chargement était lent et difficile, la première décharge partie, son rôle était terminé. Néanmoins les voitures qui les avaient transportées formaient, pour les troupes, un couvert que l'ennemi devait surmonter avant d'en venir aux mains.

Dans leurs guerres les souverains du pays eurent parfois recours à l'artillerie des communes (²). Elle ne figure, cependant que pour une faible part dans leurs armées et ce ne fut que vers la dernière moitié du XVᶜ siècle que l'artillerie amena encore des masses puissantes sur les champs de bataille. C'est ainsi que lors de la rupture entre Gand et le Duc de Bourgogne, la Cité résolue à se défendre, appela ses milices sous les armes. L'Artillerie en fournit

---

(¹) HERMAN VAN DUYSE « *Gand monumental et pittoresque* » Bruxelles, 1885, p. 92.

(²) HENRARD *Histoire* etc. p. 37.

un appoint nombreux; les métiers mirent la leur à la disposition de la Commune. L'armée communale alla assiéger Audenaerde, refuge du Représentant du Duc, mais elle dut lever le siége et les Gantois furent obligés d'abandonner presque toute leur artillerie, parmi laquelle se trouvait la fameuse bombarde le « *Dulle Griete,* » que nous voyons encore aujourd'hui près du marché du Vendredi.

Quel sentiment doit nous animer en présence de cette pièce fameuse? La fierté patriotique au souvenir des luttes de nos communiers ou l'admiration pour l'étonnante habileté des Gantois à fabriquer, à une époque aussi reculée, une bouche à feu aussi colossale, d'une construction aussi difficile.

Gand d'ailleurs n'était pas seule à posséder son gros canon : Malines, Diest et d'autres villes avaient leur « Dulle Griete, » ou « noire Marguerite, » comme on dénommait alors ces grosses pièces.

Vouloir faire autant ou plus que son voisin était le sentiment qui inspirait les communes d'alors tout comme les Etats d'aujourd'hui. Une ville perfectionnait-elle son matériel, immédiatement ses voisines lui envoyaient des délégués pour s'initier au progrès accompli. La dépense, on n'y regardait pas et avec raison : on ne paie jamais trop cher son indépendance et sa liberté. A cette noble émulation on doit les progrès, lents il est vrai, mais continus, qui ont amené l'artillerie au degré de perfection que nous lui connaissons.

Les Communes appréciaient l'importance de l'artillerie; elles savaient que sous sa sauvegarde leurs franchises étaient à l'abri des tentatives de suppression de l'autorité centrale. A ce sujet, voici l'opinion d'un auteur [1] qui a

---

[1] HERMAN VAN DUYSE. *Gand pittoresque et monumental,* p. 92.

beaucoup étudié l'organisation des milices communales :
« Les bourgeois et hommes de métiers devinèrent que
» l'Artillerie porterait un coup fatal à la noblesse. Cette
» dernière dédaignait les branches de l'art militaire
» exigeant autre chose que la force physique et la
» folle bravoure chevaleresque. Aussi n'encouragea-t-elle
» jamais les essais des engeigneurs et bombardiers. Ceux-
» ci portent tous noms de vilains et roturiers dans les
» inventaires des XIVe et XVe siècles. Le peuple, en
» revanche, eut foi dans la grande révolution tactique si
» subitement opérée par l'artillerie à feu. Les Communes
» secondèrent à l'envie les habiles artisans qui, avec une
» prestigieuse perspicacité et une habileté technique
» au moins égale, aplanirent, dès ses débuts, les obstacles
» soulevés par l'application des théories nouvelles. »
Quoi d'étonnant alors que l'on conduisit à l'arsenal aussi
bien qu'au beffroi ou à l'hôtel de ville, pour leur faire
honneur, les étrangers de distinction que les Communes
recevaient dans leurs murs.

Un peuple vit de traditions et lors de la visite d'un
Prince ou d'un Souverain étranger nous le conduisons
encore, à Anvers, voir l'Arsenal Central où on lui montre
« le plus beau salon du Royaume » suivant l'expression
du Roi, les fortifications, etc. Le livre d'or des hôtels de
ville de Bruxelles et d'Anvers attestent que la marque
d'honneur innovée par nos aïeux se perpétue à travers
les âges.

Non contentes d'avoir leur artillerie propre, les Communes encourageaient aussi les gildes ayant pour but
l'exercice du tir au canon. Dès le XVe siècle elles avaient
toutes leur serment de Couleuvriniers. En 1488 fut formé
celui de St Antoine, à Gand. Armé d'abord d'armes à feu

portatives, il demanda en 1646, l'autorisation de s'exercer au canon de gros calibre. A cet effet il offrit de faire fondre une pièce de canon à ses frais. Cette demande fut agréée et, dès cette époque, la Confrérie ne cessa d'avoir sa section d'artilleurs. Son parc s'accrut rapidement, soit par achat soit par don, et dans ces dernières années encore, en 1823, le Prince Frédéric des Pays-Bas lui donna un canon qui fait partie actuellement des collections du Musée d'antiquités de Gand.

Les concours de tir tant au canon qu'au mortier étaient suivis avec empressement et les concurrents y montraient une habileté réelle.

Le dernier Roi de cette corporation (1759) eut son point d'impact moyen placé à 7 pouces du centre de la cible. Les honneurs qu'on lui rendit furent d'un éclat qui témoignait de l'importance attachée à ces exercices difficiles et dont les principales conditions étaient les suivantes :

« On ne pouvait pointer plus de cinq minutes;

» Personne ne pouvait se tenir sur la batterie pendant » le pointage, ni se placer derrière le canon, à moins que » le tireur n'y consentit;

» Si un boulet ne se logeait dans la cible qu'après avoir » ricoché, ce coup ne comptait pas;

» Le tir se faisait en deux ou trois coups:

» Celui qui avait touché le plus près du centre était » proclamé Roi;

» Le sort devait désigner le tour des tireurs » (¹).

Le serment de St Antoine et quelques autres existent encore aujourd'hui mais leur rôle militant est fini, ils ne sont plus que des vestiges glorieux de l'ancienne puissance

---

(¹) VANDERHAEGHEN. *Histoire* etc, p. 121.

de nos communes et un exemple des moyens mis en œuvre jadis pour la préparation à la guerre. Les armées permanentes, instruments du pouvoir central, firent disparaître et nos milices communales et nos libertés populaires. L'Artillerie partagea leur sort. A chaque défaite les communes étaient obligées d'abandonner leur artillerie, comme condition de soumission. Pendant les troubles du XVIᵉ siècle particulièrement elle leur fut enlevée. Charles V confisqua, par sa sentence du 29 avril 1540 prononcée contre Gand, sa ville natale, « tous les biens, rentes, revenus, maisons, » *Artillerie, munitions de guerre* que la Ville et les Métiers » possédaient. » Courtrai, Grammont, Ninove, Renaix, Deynze etc. partagèrent le sort de Gand (¹).

Au lendemain du jour où elles furent privées de leur artillerie, les communes consacrèrent, chaque fois, une partie de leurs ressources à s'en créer une nouvelle; rien ne leur coûtait pour récupérer celle qu'on leur avait enlevée.

Quand la soumission fut complète et notre malheureux pays plongé dans un abaissement qui se prolonge pendant deux siècles « nos grandes cités n'étaient plus à » craindre et il était d'une bonne politique de leur laisser » des armes pour résister aux entreprises des armées des » Provinces-Unies et des bandes de soldats mutinés qui » parcouraient le pays. Leur artillerie leur fut donc » rendue, mais en quelque sorte pour former un dépôt dont » elles avaient la charge et que le Gouvernement se » réservait d'employer à son usage. Maintefois cependant » les magistrats répondirent par un refus formel aux » demandes d'emprunts de canons qui leur furent faites;

(¹) *Biographies nationales. Notices sur Charles V,* par GACHARD.

» c'était leur droit et ils surent le maintenir même quand
» la demande leur en était adressée par leurs propres
» souverains » (¹).

Leur artillerie leur était donc sacrée et des événements
contemporains montrent que ce sentiment s'est transmis
de génération en génération.

L'échauffourée du Lieutenant-Colonel Ernest Grégoire
(2 février 1831) venait d'échouer misérablement devant
l'attitude énergique des Pompiers de Gand à qui on avait
confié quatre canons pendant la Révolution. Quelques
coups à mitraille tirés par ceux-ci avaient dispersé les
troupes du traître. Peu de temps après le Gouvernement
réclama ces canons à la ville et voici en quels termes
virulents la Commission de Sûreté publique répondit à
cette injonction (²).

Gand, le 4 mai 1831.

Au Général Commandant la 1ᵉ division,

Gand.

La mesure des avanies est à son comble. On refuse non
seulement à la garde Civique de Gand les pièces de Canon
dont elle ne peut se dispenser pour l'exercice de ses deux
compagnies d'artillerie organisées et reconnues, mais on
veut encore nous enlever la pièce de 6 dont le corps de
sapeurs pompiers est en possession.

Général, nous n'obtempérerons point dans les circonstances présentes, à l'ordre de remettre cette dernière
pièce; et si le Ministère a manqué jusqu'à ce jour d'énergie
pour sauver la Patrie, sa mémoire ne lui sera pas infidèle
pour lui rappeler qu'à la journée du 2 février, cette pièce

(¹) HENRARD. *Histoire* etc., etc. p.p. 55 et 56.
(²) Archives de la ville de Gand.

a sauvé la ville de Gand et la Belgique entière de tous les maux de l'anarchie et de la guerre civile.

La journée du 2 février peut revenir encore. Tous les traîtres ne sont pas hors de nos rangs. Nous en avons la preuve dans la mesure que le Ministère de la guerre a eu l'impudence de prendre. Si la pièce de 6 et celles que nous réclamons sont propriété de l'Etat, la ville de Gand aussi fait partie de l'Etat et a droit d'avoir pour garantie de son salut autre chose que la Citadelle. Les ennemis sont à 2 lieues de nous; qu'on aille chez les Hollandais, dans nos possessions, s'emparer des pièces d'artillerie qui manquent pour mettre cette arme au complet. On arrête l'élan des patriotes qui brûlent de les chasser de notre territoire et nous devrions nous priver des seuls moyens de défense dont nous avons droit de disposer. — Non, Général, nous ne compromettrons jamais la sureté de nos concitoyens et de la ville importante confiée à nos soins. Le Ministère réfléchira. Nous agirons pour le bien public.

La Commission de Sûreté publique :

Par ordonnance :	(ss.) Ch. Coppens.
Le Secrétaire,	F. Vergauwen.
(s.) D. J. Lejeune.	Desouter, av.
	C. Spilthoorn.

P. S. On observe que dans tous les temps et dans tous les pays, il est d'habitude de ne remettre les pièces d'artillerie dans les arsenaux que lorsque la paix est consolidée et non point en temps de guerre; nous sommes loin de la paix, nous avons la guerre.

Par ordonnance :	Ch. Coppens.
Le Secrétaire,	F. Vergauwen.
D. J. Lejeune.	Desouter, av.
	C. Spilthoorn.

Cette protestation violente que l'on s'explique en se reportant aux circonstances et aux passions de l'époque eut pour résultat le maintien des 4 pièces au service des Pompiers. Au mois d'août 1831, ces canons, servis par ceux-ci, furent envoyés au secours des troupes et de la garde Civique de Gand attaquées et mises en déroute au Pont de Paille au dessus de Maldeghem. Les Hollandais furent repoussés et à la conclusion de l'armistice ces bouches à feu rentrèrent à Gand. (¹) (Voir plus loin les opérations de l'artillerie de l'armée des Flandres·)

En parcourant rapidement quelques périodes de notre histoire, nous avons montré l'importance attachée à l'artillerie et les efforts faits par nos aïeux pour en perfectionner le matériel. Nous avons également fait remarquer les difficultés énormes de fabrication qu'ont dû rencontrer les forgerons gantois dans la confection du Dulle Griete, vu les faibles moyens d'exécution dont ils disposaient, et ce spécimen de bouche à feu est un exemple de la perfection atteinte chez nous, dans la confection des canons forgés fort en vogue pendant longtemps. Les bouches à feu en bronze firent leur apparition presque simultanément, mais leur usage fut plus restreint, sans doute, à cause de leur prix élevé et du petit nombre de fonderies. La difficulté de fabrication toutefois ne rebutait pas nos fondeurs : nos habiles artisans firent de rapides progrès et bientôt leurs produits furent expédiés au loin.

Gand célèbre déjà par ses pièces forgées eut des premiers ses fonderies de canons; son champ d'épreuve était le Kouter (place d'arme actuelle). On lit dans le *dagregister*

(¹) Mémoires de ROLLIERS, ex-lieutenant des Pompiers de Gand et major d'infanterie en retraite.

de Van Kampen que des essais de canons eurent lieu sur cette place le 2 avril 1580. « *13 groote stukken geschut* » *werden driewerf op den Kouter zonder hinder afgeschoten ten* » *proeve* » Malines particulièrement se distingua par ses fonderies et il n'est pas étonnant que l'empereur Charles V, en réorganisant son artillerie, ait songé à y établir une fonderie de l'Etat. Il reprit celle d'un industriel jouissant d'une grande renommée et créa, en même temps, dans la même ville, un arsenal de Construction où l'on devait confectionner les affûts et le matériel. Peu après il ajouta une poudrerie à ces deux établissements.

En même temps qu'il organisa ces établissements l'Empereur chercha à simplifier son système d'artillerie. Il fit faire, à Bruxelles, des expériences pour déterminer la longueur la plus avantageuse des canons. (¹) A cet effet on coula une pièce de chacun des calibres de 48, 36 et 24 livres ayant 5 bourlets, l'un en avant de l'autre pour être coupés successivement. On trouva que la plus grande portée correspondait respectivement à 18, 20 et 22 calibres, mais Charles Quint se décida pour 18 calibres.

Ces expériences firent faire de grands progrès à l'artillerie qui en réalisa d'autres encore dans nos provinces. En effet l'Instruction sur le matériel de l'artillerie belge nous apprend qu'en 1607, le marquis de Spinola, grand maître de l'artillerie dans les Pays-Bas employait des pièces légères comme pièces de bataillon : la pièce de 6 avait 27 calibres de longueur, pesait 892 kilog[es] (poids et longueur du canon de 6 (9) long en bronze) et huit chevaux la traînaient. La pièce de 3 avait 30 calibres de

---

(¹) Instruction sur le matériel de l'artillerie belge, page 3.

longueur, pesait 563 kilogᵉˢ et six chevaux la traînaient.

Enfin comme renseignement sur la fabrication des bouches à feu dans notre pays, l'Instruction citée fait remarquer que déjà, au commencement du XVIIᵉ siècle, on employait à Liége, pour la fabrication des canons la fonte au charbon de terre.

Nous ne nous étendrons pas davantage sur la partie technique de l'artillerie, la relation des faits d'armes de son personnel doit seul nous occuper.

A la mort des archiducs Albert et Isabelle cesse pour nos provinces le semblant d'autonomie que Phillipe II avait consenti à leur accorder et leur histoire militaire se confond avec celle des Puissances sous la domination desquelles elles croupissent pendant des années.

Ce ne fut qu'en 1789 que la Belgique, se réveillant d'un long sommeil, eut une éclaircie d'indépendance : la Révolution brabançone éclata et l'armée des Patriotes fut, un instant, vainqueur des troupes impériales. Celles-ci abandonnèrent sur le champ de bataille de Turnhout leurs canons qui devinrent la première artillerie des Patriotes. (3 pièces) (¹). Les vainqueurs se répandirent bientôt dans le pays et après quatre jours de combat la garnison autrichienne évacua la Citadelle de Gand. M. Vigneron, dans la biographie du général Van der Meersch, un des héros de cette révolution avortée, raconte comme suit les combats livrés à Gand. (²) « Après avoir forcé les portes » de Bruges et du Sas, les Patriotes avaient trouvé un » concours efficace dans les habitants qui s'étaient joints » à eux pour refouler les troupes jusqu'à la Caserne

---

(¹) L. HYMANS. *Histoire populaire de la Belgique.* p. 390.

(²) VIGNERON. *La Belgique militaire.* T. II. p. 516.

» St Pierre. Le 16 novembre, le combat avait pris une
» extension plus grande encore : les volontaires aidés des
» Gantois, attaquèrent avec une violence extrême les
» Autrichiens refugiés dans cette caserne qui fut enlevée
» après cinq heures d'un combat acharné et tous les soldats
» qui ne succombèrent point furent faits prisonniers. Le
» lieutenant général Comte d'Arberg, commandant la
» Citadelle, désespérant de vaincre les Insurgés dont les
» rangs grossissaient à chaque instant, avait évacué ce
» rempart de la domination étrangère pendant la nuit du
» 16 au 17 et le drapeau national avait remplacé l'étendard
» autrichien. »

On lit dans une brochure de cette époque que, pendant
ces combats, le canon de la Confrérie de St Antoine de
Gand, se trouva braqué à l'entrée du Vieux Bourg dans la
direction de la Place Ste Pharaïlde. M. Vanderhaeghen,
qui rapporte ce détail, ajoute qu'on ignore de quelle
manière l'artillerie de la Confrérie de St Antoine fut mise à
la disposition des Patriotes. L'explication en est facile :
peuple et révoltés voulaient l'indépendance de nos provinces; de là le « concours efficace des habitants » dont
parle M. Vigneron.

La victoire ne profitera pas à nos nationaux : les
habiles, grâce à la Révolution, assureront leur position
pour ruiner la Belgique et la livrer impuissante à ses
ennemis. Les décrets ne manqueront pas, mais on fatiguera
les partisans des idées nouvelles : Vander Meersch, Ran-
sonnet, Van Merlen et d'autres. Le commandement de
nos troupes jeunes et inexpérimentées sera confié à des
étrangers qui ne tarderont pas à les perdre.

Le Gouvernement insurrectionnel décréta l'organisation
d'une armée de 20,000 hommes qui plus tard devait être

portée à 40.000. Des régiments et des corps d'infanterie et de cavalerie portant le nom des régions ou des villes où ils furent levés, ou de particularité de leur uniforme (Canaris) commencèrent à se former dans le pays à la fin de 1789 et au commencement de 1790.

A ces troupes régulières, vinrent se joindre plus tard des Volontaires villageois. Chaque village envoyait avec ses paysans, un curé pour les conduire, et avec lequel ils se croyaient invincibles ; quoi qu'ils eussent des chefs qu'ils appelaient officiers, ils n'obéissaient qu'à leurs prêtres (1). Leurs habits étaient de différentes couleurs, tous avec des parements rouges. Leurs officiers avaient un uniforme et portaient une cocarde patriotique *rouge, jaune* et *noire*.

Ce sont là les couleurs de notre drapeau national ressuscité en 1830 et qui flotta, dès le mois d'août, sur l'hôtel de ville de Bruxelles.

Un nombre considérable de voitures chargées de victuailles accompagnaient ces Volontaires. Après une campagne d'à peu près dix jours ils retournèrent chez eux « après avoir fait un tort irréparable aux affaires des » Belges, en prouvant à tout le monde combien peu on avait » à espérer de leurs efforts contre des troupes réglées ». (')

Un corps d'artillerie recruté dans toutes nos provinces comprenait, au mois de mai 1790, 390 canonniers et en septembre, 790. Il était réparti dans les deux colonnes de notre armée nationale, l'une sous les ordres du général Schœnfeld, l'autre sous le général Kœller.

On ne peut pas dire que les troupes d'une colonne fussent naturellement ou plus braves ou plus fidèles que celles de l'autre. Celles du général Kœller acquirent quelques

---

(1) *Mémoires militaires sur la campagne de l'armée belgique pendant la révolution de* 1790 — par un officier de l'armée — p. X. — p. 120.

qualités militaires; celles du général Schœnfeld n'en eurent aucune. Cette différence provenait d'une meilleure discipline inculqée aux premières et d'une plus grande énergie dans les opérations déployée par leur chef. « L'un » était un militaire, l'autre un intrigant politique, unique- » ment occupé des moyens, ou de sacrifier tous ceux qui » refusaient de se prosterner en esclaves devant l'autel » de sa vanité et de son ambition, ou d'immoler ceux qui » avaient assez de fermeté et de grandeur d'âme pour dire » ouvertement et avec la loyauté de véritables militaires » leur façon de penser » ([1]).

Nous ne connaissons pas la composition de l'artillerie de la colonne commandée par Schœnfeld; celle sous les ordres de Kœller comprenait :

16 canons de 36 livres
8 id.   18 id.
7 id.   12 id.
15 id.   6 id.
2 id.   4 id.
23 id.   3 id.
1 obusier

Total 72 bouches à feu.

Le colonel d'artillerie KŒLLER, avant d'être nommé quartier-maître général de l'armée, organisa tant bien que mal ce matériel. A cet effet il fit tous ses efforts pour rétablir les arsenaux et les fonderies de Malines. Plus tard il établit à Namur, un atelier pour la construction des affûts, et utilisant les ressources du pays il fit, sur place, construire le matériel, couler les projectiles et confection- ner les munitions avec des étoffes et de la poudre qu'il

---

([1]) *Mémoires militaires sur la campagne de l'armée belgique, etc.*, p. X.

parvint, malgré les Autrichiens, à se procurer à Dinant et autres endroits.

Les canonniers furent dressés au service des pièces et Kœller leur fit faire à Namur quelques exercices à feu, dans lesquels ils acquirent une certaine habileté. Mais malgré toute son activité, il ne put obtenir d'eux le dévouement absolu au devoir que donnent seuls la discipline, l'expérience et la connaissance du service. Il éprouva combien il est difficile de conduire une troupe indisciplinée et l'épisode que voici (¹) montre l'esprit de ces artilleurs improvisés et à quelles mains coupables étaient confiées les destinées du pays.

« Lors de la marche des Patriotes sur Emptinnes,
» M. Schœnfeld avait établi son quartier général à ce
» dernier endroit et il se trouvait à table quand l'artillerie
» arriva. Il s'obstina à faire rester dîner le Colonel Kœller,
» qui s'en défendit longtemps, alléguant pour cause qu'il
» ne pouvait abandonner son train d'artillerie, parce que les
» canonniers étant fatigués abandonneraient leurs canons,
» et que leur peu de subordination lui faisait craindre de
» ne pouvoir les rassembler dans un cas urgent. Il fut
» néanmoins obligé d'acquiescer à cette invitation et pen-
» dant le repas il ne fut pas du tout question d'attaquer
» l'ennemi. Après le dîner le général Schœnfeld monta à
» cheval; M. Kœller l'accompagna, mais en sortant
» d'Emptinnes il trouva, comme il l'avait prévu, tous les
» caissons pêle-mêle dans un chemin creux et les canons,
» en avant, abandonnés de leurs canonniers. Enfin le
» désordre était si grand qu'il fut obligé de faire prendre
» les armes à des troupes cantonnées dans le voisinage et

(¹) *Mémoires militaires,* etc. p. 7.

» d'user de menaces pour faire sortir les canonniers des
» cabarets. Ce ne fut pas sans peine qu'il parvint à
» rétablir l'ordre. »

Tandis que les Corps s'organisaient, (et on vient de voir
ce que produisent ces organisations improvisées,) on apprit
que les représentants de l'Angleterre, de la Prusse, et de
la Hollande s'étaient engagés, le 27 juillet 1790, à concourir
au rétablissement de la domination autrichienne dans nos
provinces, en leur garantissant la jouissance de leurs
anciennes constitutions et l'oubli du passé.

A cette nouvelle, le Congrès, par résolution du 1e août
1790, décrète que l'armée belgique serait portée sur le pied
de l'effectif suivant :

10 régiments d'Infanterie à 2820 hommes fait 28200
 1   id.   id. à 2110   id.   id. 2110
 4 bataillons de Chasseurs à 1000   id.   id. 4000
 1 bataillon d'Artillerie   1388   id.   id. 1388
 6 bataillons de Cavalerie   1000   id.   id. 6000

                                Total   41698

Les volontaires arrivent en grand nombre. Dépourvus
de toute expérience, ils vont au nombre d'environ 20.000,
au devant d'une défaite certaine. Les premiers coups de
feu les mettent en fuite aux environs d'Assesse (Namur) le
22 septembre 1790, et l'armée, prise d'une terreur panique,
se disperse dans le pays et à l'étranger (¹). Il devait en
être ainsi : une bonne armée ne se forme que par un long
apprentissage et des exemples nombreux montrent que
dans tous les temps, les troupes jeunes malgré leur ardeur
et leur enthousiasme, se sont fait battre par les armées
rompues à la guerre.

(¹) VERCAMER. *Histoire du peuple belge*, p. 478.

Beaucoup d'officiers et de militaires de tous grades de cette armée se refugièrent en France. Ce furent eux particulièrement qui entrèrent dans la composition des corps de volontaires belges (Tirailleurs) que l'on vit figurer à la suite des Français, lors de la première invasion de la Belgique. Un décret de la Convention nationale les incorpora définitivement dans les armées de la République en 1793. C'est dans ces corps que servirent les Osten, Lahure, Dumonceau, Jardon, Evers, Van Merlen etc.

L'artillerie de ces volontaires ne compta qu'un bataillon qui distribua des détachements dans ces divers corps de Tirailleurs jusqu'au 29 janvier 1794. Je n'ai guère trouvé de renseignements sur le personnel et le matériel de ce bataillon d'artillerie, seulement nous savons qu'il possédait une pièce que nos compatriotes avaient enlevée à l'ennemi, le 18 juin 1792, lors de la prise de Courtrai. Le maréchal Lückner, afin d'honorer la bravoure des Belges, leur laissa ce canon, et par décret du 28 juillet 1792 l'Assemblée nationale approuva et confirma ce don ([1]).

A partir de cette époque, nos compatriotes partagent avec l'armée française vingt cinq années de travaux grandioses, et la gloire dont ils se couvrent est due à la vaillance héréditaire du soldat belge. Les détails manquent sur la part qu'ils ont prise, comme artilleurs, aux Campagnes de la République et de l'Empire. Les Contingents levés dans nos provinces furent dispersés dans presque tous les régiments français et les 27e, 50e, 51e, 56e, 58e, 103e, 108e et 118e de ligne incorporèrent particulièrement nos nationaux. L'Empereur appréciait beaucoup les *têtes de*

([1]) FIEFFÉ. *Histoire des troupes étrangères au service de France*. Paris 1854 pp. 15, 57.

houille, comme il appelait les Belges, et il est incontestable que ceux qui servaient dans l'artillerie, ne le cédaient en rien à leurs camarades des autres armes. Plusieurs d'entre eux entrèrent, comme officiers et sous-officiers dans les batteries belges formées en 1814 et nous verrons bientôt que celles-ci se distinguèrent aux Quatre-Bras et à Waterloo.

Le pouvoir de Napoléon venait de s'écrouler, les Alliés avaient fait leur entrée à Bruxelles. Le Général Bülow fit afficher une proclamation s'adressant aux Belges et leur disant : « L'indépendance n'est plus douteuse, mais allez la mériter par la conservation de l'ordre intérieur et par l'organisation de levées militaires qui combattront pour la liberté et pour l'honneur ! »

Cet appel fut entendu, et la Belgique, administrée au nom des Puissances Alliées par le Commissaire général baron de Vincent, fournit quelques corps dont les noms rappelèrent un instant d'anciens souvenirs. Ils eurent ainsi un cachet de nationalité qu'ils ne tardèrent pas à perdre. Le lieut[t] Général Murray fut chargé de présider à l'organisation de cette armée nationale qui devait comprendre :

1° — Deux régiments d'infanterie qui prirent les noms : de Ligne et d'Arenberg;

2° — Deux régiments de Cavalerie légère : un chevau-légers dit de Vincent, levé et organisé par le Lieutenant Général Comte van der Burch, qui en fut le premier commandant, avec le titre de Colonel ([1]).

([1]) Notre 1er régiment de lanciers tire son origine de ce corps qui reçut, le 1er Juin 1815, le nom de régiment de dragons légers n° 5. Celui-ci, commandé par le Lieutenant Colonel de Mercx fit partie, pendant la campagne de 1815, de la brigade van Merlen (division Collaert) et se distingua aux batailles des Quatre Bras et de Waterloo.

L'autre de Hussards, dit de Croy, levé par le Prince Fernand de Croy qui en fut le premier commandant avec le titre de colonel (¹).

3° Un régiment de grosse cavalerie, dénommé Régiment de Carabiniers belges (²).

4° Un bataillon de Chasseurs des Flandres, organisé par un prince Pukler-Muskau, puis un duc d'Arenberg et commandé à Waterloo par le Colonel d'Arnould (³);

5° Un bataillon de chasseurs du Bas-Rhin, qui prit plus tard le n° 36, commandé par le colonel Goethals (⁴);

6° Un régiment d'infanterie dit de Bruxelles commandé par le baron de Poederlé;

7° Un régiment dit de Namur, sous le colonel Du Pont et enfin:

8° Un corps d'Artillerie comprenant deux compagnies à cheval et un bataillon à pied, organisé par le comte de Schulembourg et commandé en partie à Waterloo par le major van der Smissen.

(¹) Le 2me régiment de Chasseurs à cheval actuel descend de ce régiment. Pendant la Campagne de 1815, ce dernier fit partie, sous les ordres du Lieutenant Colonel Duvivier de la brigade de Ghyny (division Collaert) et se distingua à Waterloo.

(²) Notre 3e régiment de lanciers remonte à ce régiment qui changea de nom, le 1e juin 1815, pour s'appeler : régiment de Carabiniers Belges no 2. Sous les ordres du Colonel De Bruyn, il fit partie, pendant la Campagne de 1815, de la brigade de grosse Cavalerie du général Trip (division Collaert) et se distingua à Waterloo.

(³) Ce bataillon, un des aînés de notre 8e régiment de ligne, commandé par le lieutenant colonel d'Arnould, fit partie de la brigade Detmers (division Chassé) et se distingua à Waterloo.

(⁴) Ce bataillon fit partie, en 1815, de la brigade d'Aubremé (division Chassé) et assista à la bataille de Waterloo.

Le 9e régiment de ligne actuel le compte parmi ses devanciers.

L'organisation du corps d'artillerie fut ébauchée a Bruxelles vers le commencement de 1814. Le major van der Smissen procédait aux engagements pour les batteries à cheval(¹) et le médecin De Loekker (nommé officier d'artillerie peu après) visitait les volontaires, opération dans laquelle il ne se montrait pas trop difficile. La plupart des engagés étaient Belges, et beaucoup rentraient du service de France où ils avaient fait partie de divers corps. Ceux qui avaient servi comme artilleurs connaissaient bien leur métier et ils furent d'un puissant secours pour la formation des cadres. Bruxelles, Louvain, Diest, Gand, Alost, Audenarde et Tournai fournirent beaucoup de volontaires. Quelques étrangers s'enrôlèrent aussi; des sous-officiers et des brigadiers, en très-petit nombre, étaient Français ou Espagnols. Cependant on peut dire que la batterie à cheval du capitaine Krahmer et la batterie à pied du capitaine Stievenaar commandée (d'abord par de Liem qui la quitta à la suite d'une promotion) qui ont assisté aux batailles des Quatre-Bras et de Waterloo étaient presque exclusivement composées de Belges. A Bruxelles on prit quelques mesures élémentaires pour l'habillement et l'instruction du personnel.

A cette époque, le corps d'artillerie belge, avait un détachement à Tournai, sous les ordres du lieutenant Vervat. Le général Maison opérait encore dans les Flandres. Heureusement le Duc de Saxe-Weimar parvint à le forcer à battre en retraite sur Lille. Le général français

---

(¹) Quelques détails concernant l'organisation des batteries à cheval ont été extraits des mémoires inédits de M. le capitaine BAESENS qui s'engagea en 1814 dans la batterie Krahmer. Merci à notre camarade J. C. BAESENS pour avoir bien voulu nous communiquer ces mémoires.

essaya de regagner le terrain perdu, mais il subit une humiliante défaite devant Tournai, où l'artillerie eut la première, de la nouvelle armée belge, l'honneur de se distinguer. La Régence de Tournai, voulant reconnaître par un témoignage public la vaillance de nos canonniers, décerna une médaille d'or à leur commandant, le lieutenant Veryat. La conduite de ce détachement fut si belle que le lieutenant général Murray, chargé de l'organisation de nos forces nationales, la donna comme exemple à ses soldats, par son ordre du jour du 9 avril 1814, que voici :

« A la Légion Belge ».

La batterie qui se trouve dans les environs de Tournai, s'est, lors de la dernière invasion des Français, couverte de gloire; elle a lutté avec une bravoure héroïque contre une artillerie ennemie supérieure. S. A. le Duc de Saxe-Weimar en a donné les témoignages les plus avantageux. On attend de chaque individu faisant partie de la légion, que dès qu'ils auront le bonheur d'être devant l'ennemi, ils imiteront cet exemple et ceux qui connaissent les Wallons sont assurés de ne pas se tromper dans cette opinion.

(Signé) MURRAY, Lieutenant-général.

Ces témoignages d'admiration étaient mérités, car vaincre l'artillerie française n'était pas chose facile, pour de jeunes troupes surtout; elle jouissait, à juste titre, d'une renommée de vaillance et de science pratique, acquise sur de nombreux champs de bataille.

Une personnalité compétente, lord Blayney, général major de l'armée anglaise, ayant recouvré sa liberté en 1814 et passant par Gand pour rentrer dans sa patrie, vit arriver dans cette ville 25.000 hommes du corps d'armée du Prince d'Eckmühl venant de Hambourg et retournant

en France. « J'ai rarement vu, dit-il, des troupes d'une
» aussi belle apparence, mieux tenues et qui eussent l'air
» plus faites au service. *L'artillerie et tout le matériel étaient*
» *dans l'ordre le plus parfait quoiqu'après une marche longue et*
» *fatiguante* (¹). »

Notre artillerie, à peine née, se mesura avec de pareils
adversaires et les vainquit. Pareil triomphe est fait pour
provoquer notre enthousiasme et bientôt il grandira en
voyant le détachement organisé à Bruxelles rivaliser
d'héroïsme avec celui créé à Tournai.

Pendant l'été de 1814 le corps d'artillerie que le détachement de Tournai avait rejoint alla tenir garnison à
Malines. C'est là qu'il apprit que le Congrès de Vienne
avait décrété la réunion de la Belgique à la Hollande,
qui reçut nos provinces, comme « accroissement de ter-
» ritoire » (²) et en conséquence notre cocarde noire fut
changée en celle orange.

Le corps d'artillerie reçut une nouvelle organisation et
le Colonel Huguenin fut désigné pour y présider. Disons,
en passant, que le Colonel Huguenin est l'auteur du tracé
du pierrier de 39 centimètres dont le premier exemplaire
fut coulé à Liége en 1818 (³).

A Malines on s'occupa sérieusement de l'habillement,
de l'équipement et de l'armement de la troupe. Jusqu'à ce
moment l'habillement avait présenté la plus grande
bigarrure; beaucoup d'hommes n'avaient qu'une veste, un

(¹) *Relation d'un voyage forcé en Espagne et en France*, 1810 à 1814
*par le général major lord Blayney, prisonnier de guerre. Traduit de
l'Anglais.*

(²) Article 6 de l'acte du Congrès de Vienne.

(³) *Instruction sur le matériel d'artillerie belge*, p. 4.

pantalon de drap ou de toile et un shako. Mais au bout de
quelques jours tout le personnel était habillé, équipé et
armé : l'artilleur portait un uniforme à peu près semblable
à celui actuellement d'ordonnance. Outre le charivari tous
les hommes avaient un pantalon collant.

Les batteries reçurent des chevaux de remonte mais cette
opération marcha lentement. Dans son ouvrage : « *Précis
de la campagne de 1815 dans les Pays-Bas,* » le major d'artillerie hollandais Van Löben Sels, aide de camp de S. A. R.
le Prince Frédéric des Pays-Bas, nous apprend, qu'à la
date du 25 mars 1815, l'Inspecteur général de l'artillerie
donna avis que le personnel et le matériel se trouvaient
disponibles pour desservir 10 batteries, que *deux batteries
d'origine belge* pouvaient y être jointes, mais qu'une grande
partie des attelages manquaient encore.

Le dressage des chevaux de remonte se fit rapidement.
Tous les canonniers étaient cavaliers; on n'avait admis
comme volontaires que des hommes sachant monter à
cheval, il suffisait donc de leur inculquer les principes de
l'équitation militaire.

A Malines on distribua le harnachement. Les attelages étaient à *l'allemande,* c'est-à-dire que l'attelage de
milieu tire sur une volée mobile accrochée au bout du
timon. A Waterloo les attelages de derrière et de milieu
s'empêtraient souvent, la nature du terrain du champ de
bataille fit ressortir ainsi un des inconvénients de ce mode
d'attelage.

L'artillerie y reçut également son complément de
matériel; les pièces lui avaient été remises à Bruxelles.
Sous ce rapport la mobilisation rencontra de grands
obstacles. Le major Van Löben Sels nous rapporte : « Le
» matériel était d'origine antérieure et par conséquent

» vieux, ou bien il était neuf mais fait de bois vert ».

L'ancien matériel Gribeauval, dont la solidité était à toute épreuve, se prêtait difficilement à la manœuvre, on avait beaucoup de peine à mettre les pièces en batterie, et devant l'ennemi elles étaient toujours à la prolonge.

Au feu un caisson suivait toujours la pièce.

Le nouveau matériel l'emportait de beaucoup sur l'ancien. Cependant il était plus compliqué et, à cause de sa construction récente et précipitée, il était moins solide et exigeait beaucoup de réparations. Les munitions se mouillaient dans les coffres.

Le complet du matériel des deux batteries belges commandées en 1815 par les capitaines STIEVENAAR et KRAHMER était :

	Batterie à pied (STIEVENAAR).	Batterie à cheval (KRAHMER).
Canons de 6^l	6	6
Obusiers	2	2
Caissons de 6^l	12	13
Caissons d'obusiers de 24^l	5	6
Caissons d'infanterie et de cavalerie	12	4
Affût de réserve de 6^l	2	2
Affût de réserve d'obusier	I	I
Chariot de transport	I	I
Chariot de division	I	I
Forges de campagne	I	2
Total	43	38

Anciennement les batteries, outre leurs munitions propres, transportaient celles destinées à l'infanterie et à la cavalerie. Les voitures attachées à ce service ont été groupées et forment, de nos jours, les colonnes de munitions.

En les défalquant des totaux ci-dessus et en tenant compte de la suppression des obusiers dans les batteries de campagne, on arrive approximativement au chiffre de voitures de nos batteries actuelles.

Le personnel de la batterie Stievenaar comprenait 258 hommes et 248 chevaux.

Celui de la batterie Krahmer comptait 210 hommes et 282 chevaux.

Ainsi organisées, ces batteries pouvaient marcher à l'ennemi. Elles quittèrent Malines et retournèrent à Bruxelles en avril 1815. Là, elles reçurent leur complément d'instruction qui fut entravée toutefois par une *mesure absurde*, dit le général Renard et il ajoute : « L'Ar- » tillerie reçut quelques temps avant la bataille un » règlement manuscrit indéchiffrable pour la plupart des chefs » (¹).

A la même époque un ordre du Roi prescrivit que les batteries n'appartiendraient plus aux brigades mais à la division dont elles feraient partie, et qu'un officier supérieur d'artillerie serait désigné pour chaque division afin de prendre le commandement supérieur des batteries y attachées (²). Celui-ci devait avoir un capitaine comme adjudant.

A la suite de cet ordre royal, le capitaine de Villers fut adjoint au major van der Smissen et sa batterie fut fusionnée avec celle du capitaine Krahmer.

Le major van der Smissen fut chargé du commandement de l'artillerie de la 3ᵉ division néerlandaise sous les ordres

---

(¹) RENARD. « *Réponses aux allégations anglaises sur la conduite des troupes belges en* 1815. p, 15.

(²) VAN LÖBEN SELS. *Ouvrage cité.* p. 64.

du lieutenant général Chassé. La batterie à cheval belge du capitaine Krahmer et la batterie à pied du capitaine Lux composaient cette artillerie.

La batterie à pied belge du capitaine Stievenaar faisait partie de l'artillerie attachée à la 2ᵉ division néerlandaise commandée par le lieutenant général de Perponcher.

Il nous reste à faire connaître les officiers des batteries belges avant de parler de leur participation à la campagne. Peut-être trouverons nous quelques enseignements dans les notes que nous à laissées sur chacun d'eux un artilleur de la batterie Krahmer et qui les a écrites cinquante ans après la célèbre bataille.

Le major VAN DER SMISSEN (¹) naquit à Louvain. Il avait en 1815: 27 ou 28 ans. Beau militaire, bon cavalier, excellent manœuvrier, il avait aussi le ton du commandement. Il fit ses premières armes en France et y devint sous-lieutenant. En 1814, il fut d'emblée nommé major.

Dans les cantonnements, en Belgique et en France, il se montra rarement à la troupe, mais lorsqu'il parut, les hommes étaient contents, car il avait toujours à leur adresser quelques bonnes paroles qui les électrisaient et faisaient régner parmi eux le plus grand enthousiasme.

Il devait savoir que c'est le moyen d'obtenir et de conserver le prestige du commandement, et que le contact, trop fréquent, des hauts chefs avec la troupe nuit à la crainte respectueuse et sympathique qu'ils doivent inspirer et que la troupe aime à ressentir pour l'autorité.

Pendant les marches le major était toujours à la tête de ses batteries. A Waterloo comme ailleurs, il laissa agir

______

(¹) Père du Lieutenant Général Baron van der Smissen, Aide de Camp du Roi, Commandant la 2ᵉ Circonscription Militaire.

Krahmer, se concertait avec les commandants des autres troupes, reconnaissait et indiquait les positions à occuper sur le champ de bataille, désignait le but et examinait l'ensemble du tir.

Aujourd'hui encore ces obligations sont celles d'un major commandant un groupe de batteries.

Quoiqu'il eût été nommé d'emblée major, van der Smissen était à sa place sous tous les rapports. Il estimait ses inférieurs et il en était aimé. Pour sa conduite héroïque à Waterloo et « aussi un peu pour celle de la batterie à » cheval, » ajoute notre narrateur, il fut créé baron quelques années plus tard, quitta l'armée néerlandaise quelque temps après la campagne et reparut sur la scène publique en août 1830.

KRAHMER DE BICHIN, commandant la batterie à cheval belge, était étranger (Waldeck). Comme le major van der Smissen il avait servi dans les armées françaises, y avait obtenu tous ses grades et des mains mêmes de l'Empereur la Croix de la Légion d'honneur. Krahmer était beau capitaine, officier de grand mérite, bon manœuvrier; fameux mathématicien et excellent musicien. Bon, bienveillant, juste envers ses inférieurs, il était aimé de ses officiers. Sa conduite à Waterloo fut brillante. « Comme » tous les hommes de grand mérite il était modeste, ni » brutal, ni vindicatif, ni despote, ni un de ces petits » tyrans, fléau de leurs inférieurs et que l'on ne rencontre que trop souvent. »

Beau portrait à citer comme exemple des qualités que doit réunir tout officier et particulièrement un commandant de batterie,

Pendant les journées de septembre 1830, Krahmer, devenu major, commandait au Parc, à Bruxelles, une

division d'artillerie de campagne. Il y trouva une mort héroïque. L'historien hollandais Bosscha, à la page 162, de son ouvrage « *Neêrlandsheldendaden te land* » raconte ainsi la mort de l'intrépide major. « A peine arrivé au
» parc, le major d'artillerie Krahmer assisté du lieutenant
» Sodenkamp essaya de mettre deux pièces de canon en bat-
» terie vis-à-vis de l'hôtel de Belle-Vue; mais des 18 sous-
» officiers et soldats qui servaient ces pièces, il y en eut
» 13, de même que tous les chevaux d'attelage, qui furent
» mis immédiatement hors de service par le feu de mous-
» queterie. Le major Krahmer s'empara alors d'un
» écouvillon pour faire lui-même le service d'artilleur,
» mais il fut frappé de deux balles et transporté au Palais
» du Roi où il mourut quelques instants après. »

La fidélité de Krahmer au drapeau fut mise, en ce moment, à une terrible épreuve. Quels sentiments divers devaient l'agiter, lui qui avait conduit les Belges à la victoire était devenu leur ennemi! Cette mort fait songer à celle d'un grand nombre de nos compatriotes qui, à Waterloo, se trouvaient dans les armées adverses. Quelques mois avant la bataille ils sont dans les mêmes rangs; mis en présence ils se combattent avec acharnement.

Le capitaine DE VILLERS, lui aussi, avait servi comme officier en France, et nous voyons dans les notes de notre auteur, qu'il était un grand bel homme et qu'il avait du mérite. En 1814, il commença l'organisation de la 2e batterie à cheval belge fusionnée avec la 1e peu de temps avant l'entrée en campagne. de Villers se distingua à la bataille de Waterloo. En 1830 il commandait une batterie de milice à Namur et à la suite de certains incidents il quitta le pays, où il rentra après la Révolution pour reprendre service en 1832.

Le capitaine STIEVENAAR était, dit le major Van Löben Sels, un officier de grand mérite et généralement estimé. Il était d'un physique avantageux et nous venait également de l'armée française.

Nous n'en dirons pas davantage ici, nous verrons plus loin la part prise par sa batterie à la bataille des Quatre-Bras.

Il nous reste à parler des lieutenants Van der Smissen, Vanden Steen et Winssinger.

Du lieutenant Van der Smissen notre auteur dit simplement qu'il fut désigné pour la batterie à cheval quand celle-ci se trouvait déjà dans ses cantonnements. De sa conduite à Waterloo il ne parle pas. Après la bataille quand la batterie Krahmer se trouvait en France, plusieurs canonniers désertèrent et on prétendit, à la batterie, que le lieutenant en était cause « par suite de sa minutie, de » ses tracasseries et de sa manie à faire des observations » quand même. » Doué d'un bon caractère, il lui manquait cependant le tact nécessaire pour conduire les hommes. Le soldat ne se rebelle pas à une observation juste faite à propos, une punition méritée n'a jamais aigri personne. On peut exiger et obtenir énormément du troupier en agissant avec calme, vigueur et bienveillance : un mot d'encouragement excite son amour-propre et le rend capable de grandes choses.

Le lieutenant VANDEN STEEN était, comme plusieurs autres, l'un des officiers créés à l'organisation. Ses services évidemment s'en ressentirent.

Dans les temps calmes, sous de bons chefs, par un heureux développement, ces officiers improvisés eussent pu fournir de bons auxiliaires, mais peu au fait des exigences du service, agissant souvent par boutades, n'ayant

aucunne connaissance de la vie militaire si nécessaire à
un chef, ils donnèrent souvent lieu à des scènes regret-
tables et à de graves désagréments avec la troupe. A la
paix, Van den Steen ayant, sans doute, conscience de son
insuffisance donna sa démission, et après des essais de
l'existence de la vie civile et de la vie militaire, nous le
retrouvons, au mois d'août 1830, commandant l'artillerie
de la garde bourgeoise de Bruxelles. Ses agissements
parurent suspects à ses canonniers peu disposés à rester
sous le joug hollandais. Il fut arrêté et conduit à l'hôtel de
ville d'où on le laissa fuir. Pletinckx pourvut à son remplacement par un brave sergent-major qui mourut pendant les journées de septembre, à côté de ses pièces (¹).

Le lieutenant WINSSINGER faisait partie de la batterie
Stievenaar. Sa conduite aux Quatre-Bras et à Waterloo
fut éclatante. Il servit dans l'armée belge et la carrière
qu'il parcourut dans l'artillerie nous dispense de parler de
ses brillantes qualités. (²)

Par cet exposé je crois avoir donné le détail de l'organisation du corps d'artillerie belge et avoir suffisamment
fait connaître la composition de son personnel. Voyons le
maintenant à l'œuvre.

(¹) CH. POPLIMONT. *Histoire de la Révolution belge.* p. 111.

(²) WINSSINGER. F. J. L. naquit à St Ghislain, le 6 avril 1795.
Admis dans l'armée française en 1812, il assista en qualité d'officier
d'artillerie, aux batailles de Lutzen, Bautzen, Dresde et Leipzig où il fut
blessé. Pendant la campagne de France (1814) il eut la cuisse gauche tra-
versée par une balle. Démissionné en 1814, il entra dans l'armée des
Pays-Bas la même année.
En 1831 Winssinger fut admis comme major dans l'armée belge, il
parcourut tous les grades jusqu'à celui de général-major. Il dirigea pendant
de longues années l'école de Pyrotechnie et mourut à Bruxelles le
10 octobre 1870.

Sa coopération à la campagne de 1815, en Belgique, a été lumineusement rapportée par les majors hollandais Knoop (¹) et Van Löben Sels, (²) les généraux belges Renard (³) et Eenens (⁴). Au lieu de résumer les travaux de ces officiers distingués, nous préférons transcrire les quelques pages que consacre aux batteries belges le général Renard, parce qu'en peu de lignes il nous montre la conduite héroïque de nos compatriotes à ces combats célèbres.

« Je ne dirai que peu de mots de l'artillerie dirigée par
» le major van der Smissen. Il n'entra en action qu'au
» moment de l'attaque de la garde impériale; mais sa
» coopération fut brillante. La réputation que ce brave
» officier s'est acquise dans cette journée était connue de
» toute l'armée; son intrépidité, au moment décisif, avait
» fait l'admiration de ceux qui en avaient été témoins, et le
» Roi Guillaume, comme récompense, l'a decoré plus tard
» du titre de baron. Je n'ai pas besoin d'aller puiser dans
» nos propres souvenirs pour louer la conduite des Belges
» qui agirent sous ses ordres en cette circontance. Les
» Anglais ont pris ce soin. Le capitaine Georges Jones

(¹) Remarques critiques sur l'ouvrage du capitaine Siborne intitulé : « *Histoire de la guerre de 1815 en France et dans la Belgique et réfutation des accusations qui s'y trouvent contre l'armée néerlandaise par* W. J. Knoop, *capitaine d'infanterie à l'académie royale militaire, traduit en français par* Booms. *lieutenant d'infanterie* ».

(²) Précis de la Campagne de 1815, dans les Pays-Bas par le major d'artillerie E. Van Löben Sels, aide de Camp etc.

(³) Réponse aux allégations anglaises sur la conduite des troupes belges en 1815, par un officier général, Bruxelles 1855.

(⁴) Dissertation sur la participation des troupes belges à la campagne de 1815. par Eenens.

» dans son ouvrage « *The battle of Waterloo and Ligny* »
» rapporte : A ce moment le lieutenant général Chassé,
» arrivé de Braine-Laleud et placé en réserve, s'avança
» très-opportunément à droite avec 6 bataillons néerlandais
» (brigade Detmers) et la batterie légère van der Smissen
» (belge) pour s'opposer à l'attaque impétueuse de la vieille
» garde qui cherchait à pénétrer de ce côté. Ces braves
» bataillons l'attaquent immédiatement et la repoussent
» vigoureusement ; la ligne entière fut forcée de se replier.
» La batterie van der Smissen ([1]) et la batterie du capitaine
» Napier produisirent de grands effets.

» Voici quelques passages extraits d'une autre relation
» anglaise, écrite par un officier qui s'intitule ancien gre-
» nadier du 30e régiment. Elle est datée d'Inowshill, le 23
» septembre 1845 et adressée à « *l'United service gazette* ».
» La résistance vigoureuse faite à la colonne de la garde
» opposée aux 30e et 73e régiments peut être attribuée à la
» valeur calme, déterminée, inébranlable de cette noble
» troupe et à l'aide très-officieuse et très opportune de la
» batterie van der Smissen. — Elles (les bouches à feu de
» van der Smissen) ne changèrent pas de position jusqu'à
» ce que la garde française se fut entièrement retirée après
» son attaque vigoureuse, mais inutile sur notre centre.
» — Je certifie, sans crainte d'être refuté, que les 30e et 73e
» régiments et la batterie van der Smissen résistèrent
» avec succès et repoussèrent une colonne de grenadiers
» de la garde impériale sans le secours d'aucun autre
» corps, (chaque attaque partielle était faite avec deux

([1]) On a maintenu la dénomination de batterie van der Smissen pour la
batterie légère Krahmer parce que le major la dirigea particulièrement
pendant l'attaque.

» faibles bataillons). —Enfin, l'auteur raconte qu'un officier
» de la garde lui a dit qu'ils (les Français) avaient été
» victimes de nos batteries masquées, faisant allusion à la
» batterie d'artillerie si bien servie de van der Smissen,
» qui avait ouvert si inopinément son feu destructeur et
» décisif ». Il serait superflu d'ajouter un seul mot à des
» déclarations si positives venues d'Outre-Manche.

» La batterie de Stievenaar, officier brave et estimé,
» n'a pas eu un sort aussi heureux. Sa conduite n'en est
» pas moins exempte de tout reproche. La batterie
» Stievenaar arriva aux Quatre-Bras, le 16, dans la
» matinée. Elle parqua provisoirement entre la chaussée
» de Charleroi et le bois de Boussu. Vers midi, elle alla
» prendre sa position de combat : trois sections à droite
» de la chaussée, en avant de la ferme de Germion-
» court, et une section (commandée par le lieutenant
» Winssinger) entre la ferme de Grand-Pierrepont et le
» bois de Boussu.

» En cet endroit la batterie soutint un combat avec
» l'artillerie de la division Foy. Lorsque les Français
» marchèrent en forces en avant, vers deux heures, les
» trois sections se rapprochèrent du bois, de manière à
» prendre la chaussée d'écharpe. Là, le capitaine Stie-
» venaar fut tué d'un éclat d'obus, et une de ses pièces fut
» démontée par les boulets ennemis. Cette place ne fut
» pas longtemps tenable; il fallut rétrograder encore, et
» les cinq pièces revinrent prendre position près de la
» chaussée, mais dans une situation beaucoup plus rappro-
» chée des Quatre-Bras. Pendant ce temps la section
» Winssinger s'était maintenue à l'extrême droite du
» champ de bataille, sous la protection des Nassaux. Elle
» y resta jusqu'au moment de la retraite générale de la

» division. Alors elle traversa le bois de Boussu; mais
» elle revint bientôt se porter sur la lisière menacée et s'y
» maintint avec avantage jusqu'à la fin de la journée.
» Les cinq autres pièces de la batterie n'eurent pas le
» même bonheur. Vers trois heures et demie eut lieu la
» charge du régiment de Hussards n° 6 et la batterie
» Stievenaar marcha en avant pour la soutenir. Par suite
» d'un faux mouvement, l'attaque de la cavalerie hollan-
» daise fut décousue, et les pelotons ne donnèrent pas
» avec ensemble; elle manqua donc complètement et les
» escadrons refoulés furent poursuivis avec vigueur.
» Malheureusement une partie des Hussards, au lieu de
» démasquer les pièces dont le feu pouvait les sauver, se
» jetèrent sur elles, mêlés avec les Français qui les
» suivaient le sabre dans les reins. Les canonniers
» paralysés se défendirent comme il le purent avec leurs
» armes blanches et leurs écouvillons. Les deux officiers
» furent blessés et presque tous les soldats furent sabrés
» sur leurs canons. Dès ce moment il ne restait plus en
» état de servir, de la batterie Stievenaar, que la section
» du lieutenant Winssinger. Le commandant et presque
» tous ses braves artilleurs avaient trouvé sur le champ de
» bataille la mort glorieuse du soldat; une pièce avait été
» démontée; deux étaient restées entre les mains des
» Français (¹); et les trois pièces, encore en état de faire
» feu, étaient privées d'officiers et de servants. On dut les
» diriger sur le grand parc.
» Le 17, la section Winssinger suivit le mouvement de
» retraite, et depuis ce moment elle partagea le sort de la

(¹) Elles furent reprises par le capitaine Gey van Pittius, commandant
une batterie à cheval V. L. Sels. p. 119. (Note de l'auteur).

» brigade de Nassau. Cette brigade occupa l'extrème
» gauche de l'ordre de bataille à Waterloo. On la chargea
» de la défense de Papelotte et de Smohain. Le 18, au
» matin, la section fut renforcée par un obusier, dernier
» débris des trois autres sections de la batterie. Ces pièces
» furent placées sur une hauteur en arrière du hameau de
» La Haye, et elles ne quittèrent point cette position de
» toute la journée. Elles y rendirent de grands services ».

Telle a été la conduite de l'artillerie belge aux Quatre-Bras et à Waterloo. Sa part de lauriers fut grande, mais au prix de quels sacrifices !

La batterie Stievenaar eut son commandant et 28 hommes tués, tous ses officiers et 83 sous-officiers et soldats blessés. Le lieutenant en 1ʳ Ruysch van Coeverden eut quatorze blessures ; le lieutenant en 2ᵈ Van de Wall en eut quatre et fut momentanément prisonnier ; le lieutenant du train Van Galen, en eut deux.

La batterie Krahmer plus heureuse n'eut que 5 hommes et 30 chevaux tués, 21 hommes et 6 chevaux blessés, 22 hommes et 11 chevaux portés manquants.

Tant d'héroïsme reçut sa récompense : le 30 juillet on distribua la croix que le Roi des Pays-Bas venait de créer pour honorer ceux qui s'étaient distingués par « Vaillance, Conduite et Fidélité. » Cette solennité militaire fut rehaussée par la présence du prince d'Orange.

Le major van der Smissen reçut la croix de 3ᵉ classe (officier) de l'ordre militaire de Guillaume ;

Le capitaine Krahmer celle de 4ᵉ classe.

Ces deux officiers furent les seuls de la 3ᵉ division avec les généraux Chassé, d'Aubremé et le colonel Detmers qui obtinrent la croix ce jour là, c'est-à-dire, que ce furent eux qui avaient été le plus en évidence dans les récents combats. La promotion dans la 3e division eut été plus nombreuse si, par délicatesse, le général Chassé n'avait mis du retard à envoyer son rapport sur la conduite de ses troupes. Quelques jours après, une deuxième promotion eut lieu, et on comptait parmi les militaires des batteries belges honorés des insignes de la bravoure, le capitaine de Villers, les lieutenants Ruysch et Winssinger et une trentaine de sous-officiers, brigadiers et canonniers de la batterie légère Krahmer et de la batterie à pied Stievenaar.

Enfin comme dernier et éclatant témoignage de la vaillante conduite du major van der Smissen et de la batterie à cheval belge, nous rapportons ci-dessous un extrait d'une lettre que le général Chassé écrivait le 28 juin 1815 de Roye-sur-les-Mats au duc de Wellington : « C'est lui » (van der Smissen) qui a si bien organisé l'artillerie légère » de la 3e division, et qui dans la bataille du 18, a eu le » bonheur de s'attirer l'attention de Votre Excellence et » celle de Lord Hill. Dans le moment où j'ai attaqué à la » baïonnette la garde française il m'a secondé d'une ma- » nière au dessus de toute attente etc. »

Ce témoignage a du prix, venant du brave à qui son intrépidité fit donner, dans les armées impériales, le nom de « général Baïonnette » réputation de bravoure que sa défense héroïque de la Citadelle d'Anvers, en 1832, confirma en tous points.

La batterie Krahmer resta en France jusqu'au 30 novembre, date à laquelle elle se mit en marche pour regagner le pays où elle alla tenir garnison à Bréda.

Les débris de la batterie Stievenaar (la section du lieutenant Winssinger et quelques caissons) furent repris par le capitaine Steenberghe pour être employés à desservir une batterie de campagne après avoir concouru aux travaux de siége devant Valenciennes.

Au commencement de décembre cette nouvelle batterie, où avaient été versés nos compatriotes, fut casernée à Gand.

Rentrée dans le pays, et profitant des enseignements de la campagne, l'artillerie perfectionna son matériel, son instruction, et tout ce qui se rapporte aux détails du service et aux intérêts du soldat. L'ambition de maintenir sa renommée la fit travailler avec ordre, régularité et méthode et arriver à ce degré de perfection dont elle put s'enorgueillir dans les années suivantes.

Ce travail se fit, en grande partie, sans l'aide de nos nationaux. Fidèle à sa politique d'exclusion, le gouvernement hollandais éloigna insensiblement les Belges des cadres de l'armée ou les laissa végéter dans les grades inférieurs. Nous pourrions donner des preuves nombreuses de cette exclusivisme; nous nous contenterons de répéter ce que M. Vigneron dit à propos d'un officier d'artillerie (le général Van Mons) : « La carrière militaire commencée » à cette époque (1815) fut pour les Belges surtout, » entourée d'épines et de difficultés presqu'insurmon- » tables. » Cet ostracisme produisit son effet. Il résulte d'un tableau inséré dans l' « *Essai sur la Révolution Belge*, » par M. J. B. Nothomb, tableau formé à l'aide de l'Annuaire officiel de 1830, que dans l'artillerie néerlandaise les officiers se trouvaient classés comme suit sous le rapport de la nationalité :

GRADES.	EFFECTIF.	HOLLANDAIS.	BELGES.
Colonel	6	6	o
Lieutenant-Colonel	13	13	o
Major	24	23	1
Capitaine	79	71	8
Lieutenant	137	120	17
Sous-Lieutenant	101	94	7
	360	327	33

Ces chiffres sont assez éloquents!

Cette situation fut particulièrement embarrassante pour l'organisation de l'artillerie après le triomphe de la Révolution de septembre.

A cette époque l'artillerie des Pays-Bas comprenait, sans les accessoires, un corps de huit batteries à cheval . . . . 8 batteries.
Quatre bataillons de campagne, soit. . . 24 »
Six bataillons de siége (milice), soit . . . 36 »

Des 4 bataillons de campagne deux tenaient, en 1830, garnison en Belgique; le 2e à Mons et le 4e à Anvers. Ce dernier provenait de l'ancien corps d'artillerie de campagne belge de 1814; il n'inspirait pas de confiance aux Hollandais et comme il était caserné à la citadelle, on l'envoya à Willemstad, sur le Moerdijck, où il arriva fort diminué par la désertion. Le dépôt et les magasins nous faisant ainsi défaut, il ne fut pas réorganisé.

Des 4 bataillons d'artillerie de milice, deux étaient en garnison dans notre pays; le 2e et le 5e.

Le souffle révolutionnaire désorganisa bientôt ces troupes. Dès le 26 septembre le Gouvernement Provisoire avait délié les officiers de leur serment au roi Guillaume et un appel individuel leur fut adressé en ces termes :

» Le Gouvernement Provisoire de la Belgique,

Comité central.

» Monsieur,

» Vous êtes Belge; le vœu universel pour l'affranchisse-
» ment de l'injuste domination hollandaise vous est
» connu; le canon hollandais, mitraillant pendant quatre
» jours nos concitoyens dans leur capitale et l'état
» d'oppression que subissaient à la Haye, les députés de
» nos provinces, ont délié les Belges de leur serment

» envers un pouvoir déchu; il est remplacé par un
» Gouvernement Provisoire devenu nécessaire.

» Au nom du salut et de l'indépendance de la Patrie,
» nous vous ordonnons, Monsieur, d'arborer les couleurs
» nationales et de les faire prendre aux troupes que vous
» commandez.

(signé) DE POTTER,
Comte FÉLIX DE MÉRODE,
CHARLES ROGIER,
SYLVAIN VAN DE WEYER.

Par ordonnance :
Le Secrétaire,
J. VANDERLINDEN.

A cet appel, la plupart des officiers d'artillerie belges
vinrent se ranger sous les couleurs nationales.

Leur conduite fut diversement jugée plus tard par leurs
compatriotes; les Hollandais ne leur épargnèrent pas les
épithètes outrageantes. Nous mettrons sous les yeux du
lecteur quelques pièces qui lui permettront de former son
jugement.

Voici ce qui se passa à Mons, garnison du 2ᵉ bataillon
d'artillerie de campagne (¹).

» Le 29 septembre, en vertu d'une combinaison
» organisée secrètement par quelques personnages de la
» garnison, sans le concours d'un seul officier d'artillerie,
» les troupes se débandèrent en déposant les armes, en
» acclamant la révolution et s'en allèrent rejoindre leurs
» foyers. Les officiers d'artillerie abandonnés de leurs
» soldats se replièrent immédiatement, en longeant les

(¹) Myosotis et Lobelia, par le lieutenant général Delobel. p. 82.

» remparts, vers l'arsenal où se trouvait établi le quartier
» général du commandant en chef de la Forteresse. Ils
» étaient accompagnés de quelques hommes qui leur
» étaient restés fidèles.

» Dès qu'ils y furent tous rentrés le colonel de la
» Sarraz, chef du 2ᵉ bataillon réunit tous ses officiers
» ainsi que les cadets et leur dit : Messieurs, notre tâche
» est terminée : abandonnés par la troupe, nous n'avons
» plus qu'une chose à faire c'est de nous mettre sous la
» sauvegarde de l'autorité de fait du moment; et à cette
» fin je vous engage à me suivre à l'hôtel de ville où cette
» autorité se trouve établie. Quant à ceux d'entre vous
» qui sont d'origine belge, leur situation est toute diffé-
» rente de la nôtre et pour éviter que la foule ne s'empare
» de ce bel arsenal et n'y commette des excès, je leur
» conseille de rester ici pour maintenir l'ordre et pour
» prendre les mesures nécessaires à la conservation du
» matériel, des armes etc.

« Les Belges (¹) auxquels s'adressaient ces sages con-
» seils et recommandations de leur chef, s'y conformèrent
» avec d'autant plus d'empressement que tous nouris-
» saient les plus vives sympathies pour la révolution et
» tout naturellement c'est ainsi que relevés de leur serment
» envers le gouvernement déchu par décret du gouver-
» nement provisoire belge, ils purent, dès le lendemain et
» ayant le capitaine Comte de Ghistelles à leur tête,
» accepter très-honorablement des grades dans la nouvelle

(¹) Les Belges présents à cette scène étaient MM. les lieutenants et sous-lieutenants Blondeau, Lauwereys, de St Charles, de Rijckholt, Pirson et les cadets Soudain de Niederwerth, Delobel et le capitaine Comte de Ghistelles.

» armée nationale et commencer à organiser le premier
» corps d'artillerie belge. »

A Namur les événements furent plus mouvementés.
Vers la fin de septembre il régnait une grande effer-
vescence dans le peuple et la troupe. Le 1ᵉʳ octobre, le
peuple ayant couru aux armes, une vive fusillade
s'engagea sur tous les points de la ville et les troupes
accablées par le nombre durent se replier sur la citadelle.
Au moment où elles y rentrèrent quelques adroits tireurs
parmi les bourgeois s'étaient placés, armés de carabines
rayées, sur la tour de Sᵗᵉ Croix, d'où ils tiraient sur deux
canons placés au haut de la « Rampe verte » établie sur
la rive droite de la Sambre dans une direction parallèle
à cette rivière.

« L'officier (Eenens) qui avait le commandement de
» ces deux pièces, seul belge parmi les lieutenants et
» sous-lieutenants du 5ᵉ bataillon refusa de tirer sur la
» ville. Il estimait avoir été désigné avec préméditation,
» tandis que ses collègues hollandais étaient disponibles
» pour ce service peu compromettant pour eux, mais qui
» l'eut été très gravement pour lui. Les servants ayant
» refusé de mettre le feu aux pièces, l'adjudant-major dut
» s'acquitter lui-même de cette besogne et les menaces
» des canonniers empêchèrent qu'aucun autre coup de
» canon fut tiré sur la ville ([1]).

Le lendemain, 2 octobre, le Lieutenant-Général Van
Geen, commandant en chef à Namur, craignant, en
présence de l'esprit hostile des soldats belges sous ses
ordres, que la citadelle ne tombât, par leur connivence,
aux mains des rebelles, se décida à faire dire aux troupes

([1]) A. EENENS. Quelques souvenirs de 1830 à Namur.

par l'officier supérieur du jour, le lieutenant-colonel Volkheimer, du 18e régiment que *les Belges étaient libres et qu'ils pouvaient retourner chez eux.* »

Eenens répondit à l'instant même à l'appel du nouveau gouvernement de sa Patrie.

Le 2 octobre, le lieutenant-colonel Van Geen conclut une capitulation accordant les honneurs militaires à ses troupes, avec l'administration communale de Namur, à laquelle il confia la garde et la responsabilité de tout le matériel de l'Etat qui ne serait pas emporté par la troupe.

Le 5 octobre les Hollandais évacuèrent la citadelle.

L'artillerie casernée à Ath, une des villes de garnison du 2e bataillon de milice, se rallia au gouvernement provisoire dès le 28 septembre. M. De Leutre raconte dans son « *Histoire de la Révolution belge* » que l'on vit arriver à Bruxelles, le 28 septembre, un détachement de troupes parti de Ath emmenant une batterie de six pièces de campagne attelées, un obusier, six caissons renfermant 80,000 cartouches et de quoi en faire trois cent mille autres. Le rapport de M. van der Smissen, (le vaillant major de Waterloo), annonçait en outre que l'arsenal d'Ath renfermait plus de 400 pièces de canon et un matériel suffisant pour faire la conquête de la Hollande. On conçoit comment fut accueilli ce bataillon d'élite dans lequel figurait un grand nombre de soldats. Il était commandé par des officiers belges en uniforme et décorés des couleurs brabançonnes; des officiers belges commandaient aussi l'artillerie.

Poplimont, dans son « *Histoire de la Révolution belge* » dit que l'artillerie était commandée par le sous-lieutenant Lecocq.

Les officiers que nous venons de citer, et qui tous sont

arrivés aux plus hauts grades, eux les organisateurs de l'artillerie belge, méritent-ils les calomnies dont on les accable, les invectives dont les auteurs hollandais les abreuvent?

L'un d'eux, l'un des plus distingués, le général Eenens écrivait en 1882 : « A cet appel du gouvernement provi-
» soire, à cet ordre, comme au nom du salut de l'indépen-
» dance de la Belgique, il n'y avait pas à hésiter et je me
» considérai comme dégagé de toute obligation ultérieure
» envers le gouvernement du Roi des Pays-Bas. Au risque
» d'être fusillé pour servir d'exemple, j'ai fait ce que ma
» conscience et mon devoir m'inspiraient. Aujourd'hui je
» sens que j'en agirai encore comme il y a cinquante-
» deux ans. »

Mon opinion, dans une question aussi délicate est de peu de poids, mais notre ancien Inspecteur, le général Beving, dont on connait la droiture et la rigidité des principes d'honneur militaire, lui qui vécut longtemps avec cette vaillante génération de 1830, lui qui appréciait la loyauté de ses camarades d'armes, en rappelant, aux funérailles d'Eenens, les lignes ci-haut, disait : « Je
» croirais manquer à la mémoire du général si j'avais
» passé sous silence ces paroles prononcées l'année
» dernière. Elles témoignent de l'énergie et de la constance
» de ses convictions patriotiques. »

Avec le général Beving nous pouvons, sans hésiter, accorder le même hommage à tous les officiers qui ont mis leur zèle et leur dévouement au service de la Patrie pour l'organisation de notre arme.

Le lieutenant-général Delobel estime que la « conduite
» de ses camarades, à Mons, a été très honorable quoiqu'en
» pussent dire ces militaires belges qui se posaient plus tard

» en modèles de fidélité au drapeau parce que, se trouvant
» en pleine Hollande ou même aux Indes au moment de
» notre Révolution, ils ont été dans l'impossibilité absolue
» de quitter les rangs de l'ancienne armée avant d'avoir
» demandé et obtenu leur démission du roi Guillaume.
» Quant à ces autres Belges, ajoute-t-il, qui, soit par excès
» de prudence, pour ne pas exposer leurs épaulettes aux
» mauvaises chances d'un avenir incertain, soit par
» manque de patriotisme — sont restés dans les corps
» hollandais après même que le Prince d'Orange, dans un
» but à lui tout personnel, les avait autorisés et même
» engagés à se rendre dans les provinces insurgées et ont
» attendu, pour se rallier à la Révolution et prendre part
» au gâteau, que tout danger eut disparu et que l'Indépen-
» dance de la Belgique fût reconnue de fait par l'Europe
» entière, — quant à ces mauvais citoyens-là, ajoute-t-il,
» nous ne les croyons pas assez dignes d'estime pour
» devoir nous préoccuper de leur appréciation de notre
» conduite à Mons. »

Les auteurs hollandais conspuent les officiers belges qui,
en 1830, ont préféré le service de leur pays à celui d'un
souverain déchu du pouvoir, et ils comblent d'éloges leurs
compatriotes qui, en 1813, au moment où la Hollande
secouait le joug de Napoléon, ont adhéré, sans hésitation,
au parti national et cela malgré le serment qu'ils avaient
prêté à l'Empereur.

Les Hollandais exaltent le patriotisme de leurs compatriotes et ravalent celui des nôtres suivant que l'un ou
l'autre a servi leurs intérêts.

Dans les premiers moments de la révolution tout était
improvisé : pays, gouvernement, forces militaires locales.

Notre première artillerie, en 1830, fut celle qui, pendant les journées de septembre, combattit, sous le général Mellinet, les troupes hollandaises retirées dans le Parc à Bruxelles. Cette artillerie comprenait six pièces de 6^1 dont trois venues de Liège (une servie par la Jambe de bois) une de Louvain et deux de Bruxelles. Outre ces pièces, quatre autres bouches à feu de petit calibre, traînées à la main ou portées à dos d'hommes et venant de Wavre, Genappes et Ath firent beaucoup de mal à l'ennemi. Cette artillerie était servie par 80 artilleurs ([1]).

Celle qui fut le noyau de la compagnie d'artillerie de campagne, dite compagnie bruxelloise, était composée de Liégeois et de Bruxellois. Ces canonniers de la Révolution rivalisèrent de bravoure et le grand nombre d'entre eux qui obtinrent la croix de fer atteste que leur courage égalait leur patriotisme (voir l'annexe). Les 3e et 4e batteries montées peuvent se glorifier de compter comme devancière la compagnie bruxelloise dont la victoire fut l'origine réelle, l'origine unique du Gouvernement Provisoire, du Congrès national et par conséquent de l'état de choses actuelles.

Dès le 23, les artilleurs guidés par Mellinet et quoique dépourvus des objets et des armements nécessaires à leurs pièces attaquèrent l'ennemi posté au Parc et lui firent grand mal.

Les 24 et 25 ils redoublèrent d'efforts, mais sans parvenir à le débusquer de ses positions. Cependant ils lui infligèrent d'énormes pertes.

Enfin le 26, malgré un nombre considérable de morts et de blessés, nos canonniers volontaires mettent l'ennemi

---

([1]) DELEUTRE. *Histoire de la Révolution belge.* T. II, p. 116.

en fuite et se rendent maîtres de toutes ses positions (¹).

Après la victoire les artilleurs des pièces n°ˢ 1, 2, 3 et 4 certifièrent que le salut de leurs personnes et de leurs pièces était dû au dévouement du général Mellinet qui, à leur prière, avait bien voulu prendre le commandement de l'artillerie dont il fut seul chargé. Après l'action tous les artilleurs se réunirent pour nommer leurs chefs au scrutin.

Rendant justice au talent et à la bravoure du général ils le nommèrent à l'unanimité, leur commandant en chef.

Furent proclamés :

Capitaine en premier	MM. Dufossé
Capitaine en second	Lefebvre
1ʳ Lieutenant	Jourdain
2ᵈ Lieutenant	Demey (Liégeois)
	Lambot
Chefs de pièce	Vandertaelen
	Van Dael
	Delfosse

Tous ces chefs, élus à l'unanimité, furent salués par les vivats répétés de leurs camarades, et tous jurèrent de défendre la Patrie Belge et la liberté jusqu'à la mort et d'obéir à leur chef pour tout ce qui concourrait à ce noble but.

Les artilleurs trouvèrent bientôt un aliment à leur enthousiasme : Mellinet prit le commandement d'une des colonnes de Volontaires qui poursuivirent les Hollandais sur la route d'Anvers. La compagnie bruxelloise y fut attachée, prit une part active à la campagne de 1830,

---

(¹) D'après les rapports officiels de l'artillerie pendant les journées de septembre.

assista aux combats de Waelhem, de Contich et de Berchem et entra à Anvers, le 27 octobre.

A Berchem il se produisit un épisode qui démontre, une fois de plus, que l'enthousiasme le plus ardent ne peut suppléer à la discipline et au sentiment du devoir. L'ennemi pliait sous l'effort de nos Volontaires, quand une obscurité soudaine les enveloppa tandis qu'une pluie torrentielle se mit à tomber. Immédiatement, et malgré les efforts des chefs, les Volontaires se dispersent en une retraite confuse abandonnant leurs canons. Mellinet resta la nuit entière près des pièces et fit faire du feu tout alentour pour faire croire à des feux de bivouac. Le lendemain heureusement ses hommes revinrent à leurs pièces [1].

Cet épisode nous fait songer à la mésaventure qui arriva au colonel Koeller, commandant l'artillerie des Patriotes pendant la campagne de 1790.

La compagnie bruxelloise, comme les autres corps de Volontaires, était brave, mais peu disciplinée, composée d'hommes jusque là étrangers à la vie militaire, commandée par des chefs manquant de prestige et élus par les suffrages de leurs subordonnés. Ces Volontaires ne savaient se plier aux exigences du service [2].

Au mois de novembre la compagnie suivit les Volontaires dans la Campine anversoise où ceux-ci restèrent jusqu'au commencement de décembre 1830, époque à laquelle ils furent désignés pour faire partie des troupes chargées de l'investissement de Maestricht.

---

[1] NIELLON. *Histoire des événements militaires de la Révolution en Belgique* Bruxelles 1868. p. 107.

[2] THONISSEN. *Etudes d'histoire contemporaine,* Liége, 1855. 1er volume, p. 121.

En août 1831 elle était toujours attachée à l'ancien corps de Mellinet, devenu 3e régiment de Chasseurs à pied, et faisant partie de la première brigade de l'armée de la Meuse, sous les ordres du colonel Vandenbroeck; elle resta à Ruremonde pendant la campagne des Dix jours. La compagnie comprenait, à cette époque, sept canons de 6¹, deux obusiers, huit caissons, deux fourgons et une forge. Toutes ces voitures étaient attelées de chevaux de réquisition.

Cette compagnie fut incorporée, sous le numéro 11, parmi les batteries de campagne de l'armée régulière, le 28 août 1831 et mise à huit pièces. Le capitaine de St Charles en reprit le commandement du capitaine Dufossé, qui passa à l'artillerie de siége.

Outre la colonne de volontaires de Mellinet, une autre, sous le commandement du lieutenant-colonel Niellon, marcha à la poursuite de l'ennemi et chercha à tourner sa gauche. Kessels, qui s'était distingué pendant les journées de septembre, reçut le commandement d'une demi-batterie composée de 2 pièces de 6¹, un obusier et trois caissons, et qui fut adjointe au corps de Niellon. Le 1er lieutenant Eenens dirigea cette demi-batterie sur Louvain où elle reçut le personnel pour la servir. Ce matériel, attelé de chevaux de paysans, provenait de la place de Namur (¹).

L'artillerie de Kessels prit une part active à la prise de Lierre, le 16 octobre, puis à la défense de cette ville, le 18 et le 19 du même mois, lorsque les troupes commandées par le Prince de Saxe-Weimar, tentèrent de la reprendre;

(¹) EENENS. *Les conspirations militaires*, 1er supplément, p. 75.

enfin, le 21 et le 22 octobre, elle aida les Volontaires à déloger l'ennemi des dernières positions qu'il occupait à proximité de la ville.

Le général Niellon, dans ses mémoires, ne tarit pas d'éloges sur la conduite de son artillerie, sur celle du lieutenant Cohen et de son commandant Kessels qu'il appelle tour à tour le « fougueux, » le « bouillant, » l' « intrépide » Kessels. La fougue et l'intrépidité sont de grandes qualités chez un militaire, mais il faut les allier au calme et au sang-froid qui seuls imposent à la troupe. Celle de Kessels ne subissait pas cet ascendant, car le 25 octobre, lorsque Mellinet attaqua les Hollandais à Berchem, et Niellon à Borgerhout, il se produisit vers la fin de l'action, nous l'avons déjà rapporté, une débandade provoquée par un orage épouvantable. Les artilleurs qui s'étaient bravement conduits, du reste, pendant l'action, abandonnèrent leurs pièces et les paysans profitèrent du désordre pour s'enfuir avec les chevaux. On eut beaucoup de peine à faire rentrer une pièce au parc.

Le 27 octobre, l'artillerie de Kessels entra à Anvers où elle resta jusqu'au 15 décembre, date à laquelle elle rejoignit le corps Niellon, au Nord de Turnhout.

Le séjour de l'artillerie de Kessels à Anvers fut signalé par d'incalculables malheurs. Anvers avait été ouvert aux Volontaires à la suite d'une convention et d'un armistice conclus entre le général baron Chassé et M. Vanden Herreweghe, délégué du gouvernement provisoire. A peine entrés dans cette ville, Niellon, Mellinet et Kessels ne voulant pas reconnaître cette convention, envoient des propositions humiliantes de capitulation au commandant de la citadelle, le général Chassé qui, imbu de saines idées d'honneur, repousse avec hauteur les propositions insolentes des chefs des Volontaires. Non-obstant l'armistice, les Belges attaquent la flotte en rade à Anvers et les troupes hollandaises retirées à l'Arsenal. La flotte répond au tir de l'artillerie de Mellinet et de Kessels. Celle-ci ne cessa son feu que sur l'injonction réitérée de Niellon qui l'envoya aux abords de la Citadelle (¹).

Arrivé à l'arsenal, Kessels, avec cette bravoure qui provoque si souvent le lyrisme de Niellon, enfonce la porte à coups de canon (²). Immédiatement Chassé fait ouvrir le feu par la Citadelle sur le quartier St André où se trouvaient les insurgés. Bientôt la ville fut en feu. « Le bombardement dans ces conditions n'était évidem-
» ment qu'un acte de légitime défense et la responsabilité
» immédiate en retombait uniquement sur Kessels puis-
» que c'était lui qui avait enfoncé la porte de l'arsenal à
» coups de canon (³). »

Kessels fut nommé major d'artillerie par un arrêté du 1ᵉʳ novembre 1830; son artillerie fut dissoute en février 1831 et son matériel conduit à Anvers.

Pendant la campagne des Dix jours, au mois d'août 1831, ce matériel fut utilisé et les pièces desservies par une partie du personnel de la 6ᵉ compagnie d'artillerie de milice de Namur.

Du 27 octobre, jour du bombardement d'Anvers, date le premier acte d'organisation de l'armée régulière. Par un arrêté de ce jour et sur la proposition de Monsieur le

---

(¹) NIELLON, *Histoire des événements etc.*, p. 118.

(²) NIELLON. *Histoire des événements etc.* p. 112.

(³) CH. V. DE BAVAY. *Histoire de la Révolution belge de 1830.* Bruxelles 1873, p. 206.

colonel Jolly, commissaire de la guerre, le Gouvernement
Provisoire décréta que les troupes d'artillerie provenant
des bataillons dont les noyaux se trouvaient sur le sol de
la Belgique, seraient réorganisées en deux régiments,
composés chacun d'un certain nombre de compagnies de
campagne proportionné à la force mobile et de compagnies
destinées à la défense des places de guerre (¹).

Le même arrêté prescrivit que la cocarde nationale
rouge, jaune et noire, serait portée par toute l'armée.

La langue française étant la plus généralement répandue
en Belgique (disait erronément et par haine de l'ex-gou-
vernement l'arrêté susdit), sera la seule employée dans le
commandement et l'administration militaire.

Enfin, pour faciliter la besogne aux officiers de l'ancienne
armée, on décida que provisoirement on observerait tous
les règlements en usage depuis 1815; le code pénal et le
code de discipline furent également maintenus jusqu'à
révision ultérieure, sauf les modifications apportées par
l'arrêté du 16 octobre 1830 (abolition de la bastonnade).

On songea au bien-être matériel du soldat : la ration
de pain allouée jusqu'à ce jour sur le pied de paix aux
sous-officiers et soldats ayant été trouvée insuffisante, fut
portée à trois quarts de kilogramme par homme et par
jour. Depuis cette époque, cette ration n'a plus varié.

Un nouvel arrêté du 10 novembre 1830 donna le détail
de l'organisation de l'artillerie.

Cinq compagnies d'artillerie de campagne à pied,
désignées par les numéros de 1 à 5 devaient être formées à
Mons, sur le pied de guerre, conformément au tableau
ci-contre :

(¹) *Recueil administratif* 1832, T. III.

GRADES	PIED DE GUERRE		PIED DE PAIX		OBSERVATIONS
	Hommes	Chevaux	Hommes	Chevaux	
Capitaines de 1re classe . . .	1	2	1	1	
Lieutenant de 1re classe . . .	1	2	1	1	
Lieutenant de 2e classe. . . .	2	4	2	2	
Totaux. . .	4	8	4	4	
Sergent-major.	1	1	1		
Sergent.	6	6	6		
Fourrier	1	1	1	6	
Caporaux	8	2	6		
Trompette.	2	2	2		
Sellier et bourrelier	1		1		
Charron	1		1		
Forgeron	1		1		
Charpentier	1		1		
Maréchal-ferrant	1		1		
Canonniers 1re cl. volontaires.	24		24		À défaut de volontaires seront complétés par des miliciens.
Id. 2e id. .	36		36		
Id. Conducteurs id. .	8	110	8	24	
Id. id. miliciens.	52		52		
Sous-officiers et Canonniers . .	143	122	141	30	

Pour le service d'une batterie de 12, la compagnie devait être portée à 65 canonniers conducteurs miliciens et 134 chevaux de trait.

A chaque batterie devait être adjoint un sous-officier chargé des fonctions de garde d'artillerie à la batterie. Il porta le nom d'adjudant de batterie, venait immédiatement après le sergent-major et il jouissait de la solde affectée à ce grade. Cette situation exista jusqu'en 1868, époque à laquelle l'adjudant de batterie prit le pas sur le maréchal des logis chef; sa solde fut augmentée et son service développé.

Les troupes d'artillerie réunies à Mons jusqu'au 10 novembre, conjointement avec les miliciens de l'ex-2e bataillon d'artillerie de campagne, servirent à la formation des cinq compagnies nos 1 à 5.

Le major comte de Ghistelles fut chargé de l'organisation de ces compagnies et en conserva provisoirement le commandement. Cet officier supérieur se consacra corps et âme au travail ardu de l'organisation du personnel et du matériel. Il se sentit succomber à la tâche et disait: « Je » meurs tranquille, l'artillerie peut maintenant se pré- » senter à l'ennemi. » Le corps qu'il avait formé se présenta, en effet, avec honneur sur le champ de bataille et ce fut là une grande satisfaction pour le comte de Ghistelles qui, à peine nommé Inspecteur-général, par arrêté royal du 26 août 1831, mourut le 29 du même mois. Le *Moniteur* du 2 septembre en annonçant sa mort, disait que « l'armée perdait en le colonel de Ghistelles un » excellent officier, et le pays un digne citoyen. »

Chacune des cinq compagnies décrétées fut destinée à servir une batterie de 6 ou de 12 comprenant le matériel renseigné ci-contre :

BATTERIE DE 6¹		BATTERIE DE 12¹	
DÉSIGNATION DES VOITURES	Chevaux	DÉSIGNATION DES VOITURES	Chevaux
4 Canons de 6¹	24	4 Canons de 12	32
2 Obusiers de 15 pouces	12	2 Obusiers de 15 pouces. . .	12
4 Caissons pʳ canons de 6¹ .	24	4 Caissons pʳ canon de 12 .	32
2 » pʳ obusier de 15 p.	12	2 » pʳ obusier de 15 p.	12
1 Forge de Campagne	6	1 Forge de campagne	6
2 Affûts de réserve.	12	2 Affûts de réserve pour canon de 12	12
2 Chariots de Parc.	12	1 Affût de réserve pour obusier de 15 p.	6
En réserve (4 chevaux de réserve sont attelés aux affûts de réserve.	8	2 Chariots de parc	12
17 voitures.	110	En réserve (6 chevaux de réserve sont attelés aux affûts de réserve.	10
		18 voitures.	134

Un arrêté du 10 décembre 1830, décréta l'organisation de cinq nouvelles compagnies d'artillerie à pied de campagne, désignées par les nᵒˢ de 6 à 10. Elles furent formées à Tournai, conformément aux tableaux que nous avons reproduits ci-dessus.

Toutes les batteries avaient du 6¹ et des obusiers, à l'exception des 5ᵉ, 9ᵉ et 10ᵉ qui avaient du 12¹.

Les troupes d'artillerie, en ce moment, en subsistance près de divers corps déjà organisés, servirent à la formation de ces cinq compagnies.

Celles-ci, ainsi que les cinq premières, furent commandées par un major.

Le major P. Du Pont exerça ce commandement et procéda à l'organisation.

Enfin, le même arrêté décida qu'un lieutenant-colonel serait chargé de l'organisation générale et du commandement des dix compagnies d'artillerie de campagne, lesquelles formèrent à partir de cette époque, le *Corps d'artillerie de campagne.*

Le lieutenant-colonel de Liem fut désigné pour remplir cette mission et il entra en fonctions le 11 décembre 1830. A la mort du comte de Ghistelles il fut nommé Inspecteur-général, et il resta à la tête de l'artillerie pendant plus de 25 ans. L'arme témoigne encore aujourd'hui de cette longue influence, par sa solide organisation, son instruction et son excellent esprit de corps ([1]).

L'organisation des batteries fut laborieuse. Cette difficulté provenait de l'absence absolue des éléments nécessaires à leur formation, car contrairement à ce que l'on est tenté de croire, la prise des forteresses avait mis peu de matériel à la disposition de la nation. Les magasins étaient vides, les arsenaux dégarnis, les casernes dépourvus des objets les plus indispensables.

Les Hollandais, mûs par une sorte de pressentiment, avaient établi la plupart des dépôts dans les provinces septentrionales et nous avons rappelé qu'aux premiers jours de la Révolution ils avaient transféré celui du 4e bataillon d'artillerie de campagne d'Anvers à Willemstadt. Les objets d'habillement et d'équipement manquaient donc presque totalement, d'autant plus que certains magasins établis dans nos provinces avaient été pillés par la populace.

On n'avait pas un seul cheval de trait, toutes les batteries attelées avaient été emmenées en Hollande. En

---

. ([1]) EENENS. *Campagne des Dix jours.*

revanche, les Hollandais nous avaient laissé un magnifique matériel de siége et de place.

.Nous avons vu que, dans sa lettre du 4 mai 1831 au général commandant la 1re division, la commission de sureté publique de Gand avait conseillé d'aller chez les Hollandais, dans nos possessions, s'emparer des pièces d'artillerie qui manquaient pour mettre cette arme au complet. Notre détresse en canons de campagne était donc de notoriété publique et au lieu d'y porter remède le pouvoir législatif procédait à l'allocation des crédits les plus indispensables avec une parcimonie excessive. Le budget de la guerre de 1831 subit, dans tous ses articles un feu roulant de critiques implacables; un orateur affirmant qu'il y avait assez de canons dans le pays, disputait au Ministre un crédit de 13.000 florins pour la fonderie de Liège; un autre proposait de décreter l'inutilité d'une compagnie d'artillerie sédentaire (¹).

M. Thonissen, Ministre de l'Intérieur et de l'Instruction publique, qui s'est toujours beaucoup occupé de l'organisation de l'armée, jugeant l'œuvre du Congrès, en ce qui concerne la création de nos forces militaires, se résume en disant : « *Le gouvernement à bon marché* était le
» thème favori des députés et des journalistes. Le vœu
» était légitime, mais l'heure était mal choisie pour sa
» réalisation; il fallait ou jamais se rappeler la maxime
» *Si vis pacem, para bellum.* » (²).

Malgré ces entraves l'artillerie s'organisa, grâce à ces

(²) Cette compagnie devait comprendre les sous-officiers et canonniers belges provenant des divers corps de l'artillerie et se trouvant par suite de leurs services et blessures, hors d'état d'être employés activement.

(¹) J. J. THONISSEN. *Etudes d'histoire contemporaine.* T. I. p. 130.

rares et ardents officiers dont l'énergie suppléa au nombre.

Nous disons rares officiers, car ce qui manquait plus encore que le matériel, c'étaient des officiers supérieurs, des officiers subalternes et des sous-officiers. Le tableau des officiers dressé par J. B. Nothomb nous a montré l'infériorité numérique notoire de nos compatriotes dans l'effectif des officiers de l'artillerie des Pays-Bas. En 1814, à la création des batteries belges, un grand nombre d'anciens sous-officiers sortant du service de France étaient venus remplir les cadres. En 1830, au contraire les gradés inférieurs manquèrent presque totalement. L'exclusivisme de la Hollande avait été poussée au point que même la plupart des maréchaux des logis chefs étaient Néerlandais.

La pénurie d'officiers avait frappé quelques membres du Congrès et le 9 avril 1831, M. Nothomb et dix neuf de ses collègues firent une proposition « tendant à auto-
» riser le gouvernement à employer jusqu'à la paix, des
» officiers supérieurs étrangers et à leur confier des
» commandements dans l'armée autant que les besoins
» de la guerre l'exigeaient et que leurs talents les ren-
» draient recommandables. » Ce projet rencontra une vive opposition; il fut remanié et remanié encore et finalement on s'arrêta pour l'artillerie à l'admission d'un colonel, de trois majors, douze capitaines et vingt lieutenants ou sous-lieutenants. Le projet de loi fut voté par 80 voix contre 42.

Une résistance formidable se produisit au dehors contre ce vote et à Gand, le comité provincial de l'Association nationale décida de protester solennellement contre le décret du Congrès. Dans la séance tenue par ce comité présidé par le colonel Dandelin, une protestation fut votée

et le colonel Van Remoortere prononça les paroles suivantes :

« Messieurs, je ne puis comprimer plus longtemps la
» profonde émotion que me cause le projet, ou plutôt
» la résolution prise par une partie du Congrès, d'appeler
» des étrangers à l'honneur de conduire nos braves !

« Ainsi des hommes qui ont su affranchir leur Patrie
» ont cessé d'être dignes de la défendre et les chefs que le
» grand Empereur associa à la gloire de la France héroï-
» que, sont trouvés incapables de commander ! Quoi ! les
» Belges reconnus par César et Napoléon pour les plus
» vaillants soldats de la terre, seront déshonorés par leurs
» propres mandataires !

..... « Une foule d'idées se confondent dans ma tête et
» je ne sais à laquelle m'arrêter ! Quels sont les motifs de
» nos représentants ? Quelle impulsion les fait agir ? En
» vérité, je ne vois que honte et péril dans une pareille
» mesure. Des étrangers auront-ils pour notre Patrie cet
» amour qui nous enflamme ? Et qui nous répondra de leur
» fidélité !

« Que l'on nous dise : Marchez sur un tel point et nous
» marcherons ; prenez telle forteresse et nous la prendrons.
» Il surgira du sein de la Nation des hommes capables :
» l'amour de la Patrie fait seul des héros.

« Que ceux qui sont véritablement Belges, c'est-à-dire
» braves et fiers, me répondent. Protestons contre une
» honteuse méfiance. Prenons sur nous la responsabilité de
» la victoire ; ce sera la plus belle chose que le monde ait
» encore vue. Ecrions-nous tous : la Nation toute entière
» jure de vaincre ou mourir ; mais point d'étrangers. »

Le croira-t-on, se demande M. Thonissen, « en présence
» de ces chefs qui se placent au-dessus de la représentation

» nationale, de ces colonels qui repoussent les vœux
» du pouvoir et méprisent les mesures que réclame le
» salut de la Patrie; en présence de ces formidables
» symptômes de désorganisation sociale, le Ministère du
» Régent eut le triste courage de courber silencieusement
» la tête. Le décret du Congrès resta sans exécution.
» Désormais c'en était fait de la discipline de l'armée.
» L'Association nationale avait fait l'essai de ses forces;
» les officiers savaient qu'ils pouvaient impunément déférer
» au public des clubs les décisions du Congrès et les
» ordres des ministres. L'armée fut envahie par des nuées
» d'émissaires qui semaient partout la défiance et l'agita-
» tion. Animés d'intentions patriotiques, mais aveuglés
» par les passions révolutionnaires, ils parlaient de trahi-
» son et décriaient les ordres des chefs alors que l'union,
» la confiance et la discipline étaient les premiers besoins
» de la situation. » (¹)

L'artillerie échappa à la contagion; sa discipline fut
sévèrement maintenue, et elle resta inacessible aux tentatives des meneurs de toutes espèces pour ne s'occuper
que de son organisation. Cet excellent esprit fit la conduite
de l'artillerie à Louvain et il a permis au commandant de
la 1ʳᵉ batterie, capitaine Lauwereys, de dire après la
campagne d'août : « Le personnel de la batterie a prouvé
ce que vaut la discipline qui y a été établie et toujours
maintenue depuis son organisation. » (²)

L'inexécution du décret du Congrès ajoute au mérite
du petit nombre d'officiers d'artillerie belges, car seuls ils

---

(¹) J. J. THONISSEN. *Etudes d'histoire contemporaine.* T. I, p. 143.
(²) Rapport du capitaine Lauwereys en date du 20 août 1831.

menèrent à bien l'organisation des batteries. L'ordre des choses nouveau avait en eux de chauds partisans, et amoureux comme ils l'étaient de la patrie, (¹) ils mirent tout en œuvre pour consolider notre jeune nationalité.

Antérieurement au vote de cette loi, pour remédier à la disette d'officiers, le Gouvernement Provisoire avait décrété, dès le 14 novembre, la création d'une section d'aspirants d'artillerie qui furent adjoints à chacun des régiments d'artillerie à organiser. Ils furent réunis au dépôt de leur régiment, et, un officier fut spécialement chargé de leur donner l'instruction pratique nécessaire pour les mettre à même de remplir, en peu de temps, les fonctions de sous-lieutenant. Ils eurent rang de sous-officiers et ils furent tenus de faire, pendant un certain temps, le service de canonnier et celui de brigadier.

Cette institution porta, il faut croire, de bons fruits, car immédiatement après la campagne des Dix Jours le gouvernement prescrivit l'admission de nouveaux aspirants, de façon à porter le nombre des deux séries à cinquante.

Ceux admis en 1832 reçurent le brevet de sous-lieutenant à la date du 12 février 1834.

» Cette fournée d'officiers fut excellente, écrit un des
» plus distingués d'entre eux. Et il ajoute :
» Quoique jeunes encore pour la plupart, nous avions
» assisté à des secousses politiques qui trempent les carac-
» tères : à dix huit ans nous étions des hommes. » (²)

Grâce à ces mesures, grâce au bon vouloir, au zèle et à

(¹) *Tous les officiers de l'artillerie étaient animés d'un patriotisme ardent.* (HUYBRECHT. *Histoire politique et militaire de la Belgique,* p. 136).

(²) *Les aspirants d'artillerie au siège de la Citadelle d'Anvers etc.,* par le lieutenant colonel NAVEZ, 1884. p. 122.

l'intelligence de tous, l'artillerie put se créer. Dans son rapport déposé à la séance du Congrès du 11 décembre 1830, le colonel Goblet, commissaire de la guerre, disait que l'artillerie avait reçu un commencement d'organisation.

Le général d'Hane, successeur du colonel Goblet au département de la guerre, fit connaître dans un mémoire communiqué au Congrès dans la séance du 17 mai 1831, que « l'activité déployée dans les travaux de l'artillerie » avait amené la mobilisation de plusieurs batteries com- » plètes. »

Enfin, au 1er août, l'artillerie comprenant dix batteries et la batterie irrégulière bruxelloise, était répartie dans l'armée de cette manière :

Armée de l'Escaut	24	bouches à feu.
Armée de la Meuse	30	id.
Armée des Flandres	6	id.
Armée du Luxembourg	6	id.
	66	id.

A cette époque, l'organisation put être considérée terminée, car il résulte de l'examen de la situation de l'artillerie ([1]) à la date du 1er août, que les batteries avaient leur effectif en officiers complet.

En ce qui concerne les hommes et les chevaux on remarque :

	TROUPE.	CHEVAUX.
1er *Batterie*	Effectif 143.	Effectif 122.
Capne Lauwereys.	Présent 136.	Présent 132.
	— 7.	+ 10.

([1]) *Histoire politique et militaire de la Belgique* (1830-1831), par P. A. HUYBRECHT. Bruxelles, 1856.

	TROUPE.	CHEVAUX.
2e *Batterie*	Effectif 143.	Effectif 122.
Capne Blondeau.	Présent 142.	Présent 122.
	— 1.	»
3e *Batterie*	Effectif 143.	Effectif 122.
Capne de Ryckholt	Présent 130.	Présent 108.
	— 13.	— 14.
4e *Batterie*	Effectif 143.	Effectif 122.
Capne Pirson.	Présent 143.	Présent 118.
	»	— 4.
5e *Batterie* (12¹)	Effectif 156.	Effectif 134.
Capne Gantois.	Présent 153.	Présent 122.
	— 3.	— 12.
6e *Batterie* Capne Lecocq.	Les renseignements nous manquent.	
7e *Batterie*	Effectif 143.	Effectif 122.
Capne Rahier.	Présent 140.	Présent 122.
	— 3.	»
8e *Batterie*	Effectif 143.	Effectif 122.
Capne Fontaine.	Présent 131.	Présent 116.
	— 12.	— 6.
9e *Batterie* (12¹)	Effectif 156.	Effectif 134.
Capne Du Pont.	Présent 153.	Présent 151.
	— 3.	+ 17.

La moitié de la 10e batterie (capitaine Rigano), attachée à l'armée de l'Escaut, comptait au 5 août : 2 officiers, 82 troupe et 74 chevaux.

L'autre moitié de cette batterie resta détachée à Lierre.

L'armée de l'Escaut fut renforcée, le 8 août, d'une batterie dont l'organisation d'abord et ensuite la conduite, le 12 août, font le plus grand honneur à son commandant, le capitaine Eenens. Celui-ci nous a raconté que commandant la 6e batterie de milice, il avait reçu l'ordre, le

7 août, de partir d'Anvers avec le nombre de canonniers nécessaires pour servir une batterie de six pièces de 6^l. Il devait se rendre au quartier général à Malines, pour y prendre le commandement de l'artillerie de la 1re brigade de garde civique mobilisée (7 bataillons sous le général Van Coekelberghe). Quatre pièces devaient lui être remises à Bruxelles et deux à Anvers, où le commandant du matériel ne voulut lui délivrer que deux pièces de 6^l en bronze sur affût de siége et avant-trains de siége! Après quelques pérégrinations il rejoignit, le 8 au soir, la brigade Van Coekelberghe dans les environs d'Aerschot. Là, il reprit 4 pièces de 6^l entièrement dépourvues de munitions et d'armements, à l'exception des écouvillons. Il fallut dans la soirée et pendant la nuit faire confectionner de force, chez les maîtres ouvriers de la ville, des sacs à étoupilles, des dégorgeoirs, des boîtes à lances et aller mendier aux commandants des 1e, 9e et 10e batteries, les porte-lances et les boute-feu de réserve dont ils pouvaient se passer, leurs pièces étant à percussion. Au moment où les canons lui furent remis (nous savons que ce furent ceux de Kessels) par les gardes civiques, les avant-trains ne contenaient que des cruchons de genièvre vides et quelques os de jambon. Ces détails qui pourraient sembler oiseux nous montrent combien il fallut d'intelligence et de volonté énergique pour improviser, avec de pareils éléments, une batterie et la conduire trois jours après, avec gloire, aux combats de Bautersem, de Louvain et de la Montagne de Fer.

Le 9, au matin, les pièces furent attelées chacune de quatre chevaux de réquisition conduits par des paysans et 3 caissons furent remis au capitaine Eenens par ordre du major P. Dupont, commandant l'artillerie de l'armée de l'Escaut.

Pendant sa première halte, en marchant à l'ennemi, le capitaine Eenens rassembla les paysans conducteurs des attelages et leur parla à peu près en ces termes : « Pour vous comme pour mes artilleurs, c'est un devoir d'honneur de repousser du sol de la Patrie, les Hollandais qui sont venus y porter le ravage. Ce devoir patriotique vous le remplirez tous avec courage. S'il en était autrement, si parmi vous, il s'en trouvait d'assez lâches pour oublier ce qu'ils doivent à leur pays, la vieille terre de Brabant sur laquelle ils sont nés, le canonnier armé d'un sabre placé à la tête de chaque attelage, a l'ordre de tuer immédiatement celui qui tenterait de se sauver avec un cheval; si ce canonnier, qui est à pied, ne parvient pas à l'arrêter dans sa fuite, moi, capitaine, je monte un cheval bien plus rapide que les vôtres et je ne manquerai pas dès que j'aurai rattrapé le fuyard de lui percer la cervelle d'une balle du long pistolet que voici ! — Vous avez à choisir entre la chance du champ de bataille et ses dangers incertains que nous allons courir tous ensemble ou une mort certaine donnée par la main d'un compatriote, afin d'éviter qu'un exemple de lâcheté, en trouvant des imitateurs, ne nous mette devant l'ennemi dans la cruelle position de perdre nos canons. »

Un vieux paysan à cheveux blancs dit alors qu'il n'avait pas peur, que c'était la troisième fois qu'il allait au feu, la première fois avec les Patriotes de la révolution brabançonne, la deuxième fois l'année précédente, avec Kessels à la prise de Lierre. Ce diré donna l'occasion de prouver que puisqu'il n'était rien arrivé de mal au vieux camarade habitué d'aller à la guerre, le danger d'être atteint par les boulets de l'ennemi était bien moins grand que se l'imaginaient ceux qui assistaient à leur premier combat.

L'allocution, faite en flamand, produisit bon effet sur l'esprit de ces paysans, mais il ne fut pas durable et toutes les nuits, ce ne fut que par une très-active surveillance, que la désertion pût être empêchée et même le long pistolet et la menace de brûler la cervelle durent être mis en scène, le 12, au matin, lors des premiers coups de canon tirés sur la batterie. Ces moyens eurent pour résultat d'empêcher les scènes de désordre que nous avons signalées dans le combat de Berchem où les paysans conducteurs abandonnèrent l'artillerie de Mellinet et celle de Kessels.

Il nous reste à dire un mot de l'uniforme de l'artillerie créée en 1830, de son armement et du harnachement. Seule de l'armée, l'artillerie a échappé aux transformations de la tenue, et, à quelques détails près, elle porte encore l'uniforme adopté, en 1814, pour les batteries belges et remis en vigueur par un arrêté du gouvernement provisoire du 16 novembre 1830. Primitivement les conducteurs étaient armés du sabre du modèle de l'infanterie ; les sous-officiers et les trompettes seuls avaient le sabre du modèle de la cavalerie légère.

Quant au harnachement, beaucoup d'entre nous ont encore vu en usage dans les batteries le modèle 1830-1832. Le mode d'attelage n'a pas été changé ; quelques transformations de détails et le remplacement de la selle à la Rochefort par la selle à lames mobiles ont amené notre harnachement à cette simplicité et à cette facilité d'emploi et d'entretien qu'on lui reconnait généralement.

Nous avons rapporté les différentes phases de l'organisation de nos batteries et nous avons montré les difficultés énormes que leurs commandants y avaient rencontrées. En relatant les faits de guerre auxquels ils prirent part au mois d'août, nous verrons que leur bravoure et leurs aptitudes sur le champ de bataille étaient à la hauteur de leur patriotisme et de leur initiative.

Les batteries étaient reparties de la manière suivante :

Les 2e (cape Blondeau), 4e (cape Pirson), 5e (cape Gantois), 7e (cape Rahier), 8e (cape Fontaine), et la compagnie bruxelloise (cape Dufossé), sous les ordres du lieutt colonel Van Damme faisaient partie de l'armée de la Meuse commandée par le Général de division Daine.

Antérieurement les 4e et 8e batteries, sous les ordres du major Kessels, faisaient partie de l'armée du Luxembourg, mais lors de la rupture de l'armistice par les Hollandais, elles furent dirigées à marches forcées, sur l'armée de la Meuse qu'elles rejoignirent, la 4e, le 6 au soir, la 8e, le 8 août.

Le major P. Du Pont dirigeait l'artillerie de l'armée de l'Escaut composée des 1e batterie (cape. Lauwereys), 3e (de Ryckholt), 9e (L. Du Pont), 10e (Rigano) et de la batterie Eenens improvisée, le 8 août, à Aerschot.

Le général Tieken de Terhoven exerçait le commandement en chef de cette armée.

Enfin la 6e batterie commandée par le Capitaine Lecocq faisait partie de l'armée des Flandres.

Voyons d'après les rapports officiels la part prise par nos batteries aux opérations des armées de la Meuse, de l'Escaut et des Flandres.

ARMÉE DE LA MEUSE.

Le 6 août 1831, une affaire s'étant engagée a Houthalen, près de Zonhoven, 2 pièces de la 2ᵉ batterie, sous les ordres du 1ʳ lieutenant Fonsny (¹) contribuèrent, par un feu nourri et prolongé, à la décider en notre faveur : cet officier, en cette occasion, montra beaucoup de sangfroid.

La garnison de Maestricht fit, en même temps, une sortie que la 7ᵉ batterie (capitaine Rahier) aida puissamment à repousser.

Le lendemain, 7, le combat ayant recommencé près de Curange, 2 pièces de la 2ᵉ batterie furent engagées, sous les ordres du capitaine Blondeau et du lieutenant Fonsny ; l'ennemi fut encore repoussé. Malheureusement le brave capitaine Blondeau tomba victime de son courage et de son audace. Il fut sabré, par la cavalerie hollandaise, sur sa pièce, qui, un moment au pouvoir de l'ennemi fut reprise bientôt après par le lieutenant Fonsny. Dans la journée du 6, cet officier tint une conduite admirable par son calme et son sangfroid ; dans celle du 7, il montra beaucoup d'intrépidité. Son chef, le lieutenant colonel Van Damme, en le signalant dans son rapport sur les

---

- (¹) Fonsny, en 1830, était sergent major à la 2ᵉ compagnie du 5ᵉ bataillon d'artillerie de milice. Il fut nommé officier la même année. Admis à la retraite comme capitaine, ce brave soldat continua à rendre des services signalés à son pays. Il fut pendant plus de trente ans échevin et bourgmestre de St-Gilles-lez-Bruxelles. Ses services civils lui firent obtenir la croix d'officier de l'ordre de Léopold, et la commune de St-Gilles reconnaissante donna son nom à une de ses places publiques.

opérations de l'artillerie, exprima le désir que Fonsny continuât à commander la 2e batterie avec le grade de capitaine.

A cette affaire se distingua comme bon soldat le major Kessels qui rendit de grands services, et après lui, le 2d lieutenant Lahure, de la 2e batterie qui eut son cheval tué sous lui.

Un sous-officier et trois canonniers furent hachés sur leur pièce. Généralement la conduite des sous-officiers et des canonniers des pièces qui agirent le 6 et le 7 fut des plus belles.

Le 7, la garnison de Maestricht fit une nouvelle sortie que la 7e batterie, encore une fois, aida comme la veille, à repousser. Le 2d lieutenant Fraipont eut également son cheval tué à l'affaire de Herderen qui résulta de cette sortie.

Le 8, l'armée de la Meuse opéra sa retraite. L'artillerie hollandaise ayant atteint notre arrière-garde au village de Cortessem à une lieue de Hasselt, il s'en suivit une déroute dans laquelle 2 pièces de la 4e batterie (cape Pirson) furent renversées dans les fossés de la route, d'où il fut impossible de les retirer. Plusieurs caissons et fourgons eurent le même sort : trois pièces en mauvais état, provenant des bataillons de Volontaires Le Charlier, et qui étaient en position sur les remparts de Hasselt ayant été, dans les derniers moments, attelées de deux chevaux du Train et mises sous les ordres du 2d lieutenant Hippert, furent également démontées, embarrassées dans les bagages et abandonnées.

Ce furent les seuls trophées que l'ennemi emporta de cette facile campagne et il en fit grande parade. Par arrêté du 12 septembre 1831, le Roi Guillaume décida que ces canons seraient transformés en croix de bronze pour être distribuées à tous ceux qui avaient servi avec « *Fidélité au* » *Roi et à la Patrie* » sur terre ou sur mer pendant les opérations militaires dirigées contre la Belgique. Le Prince d'Orange, promu au grade de feld-maréchal, reçut en don les deux bouches à feu conquises sur la batterie du capitaine Pirson.

Pour faire comprendre l'état des choses de l'armée de la Meuse et la manière dont on faisait la guerre à cette époque, nous reproduisons ci-dessous un fragment du rapport du lieutenant Hippert, inséré dans le *Mémoire au Roi* par Daine, (pp. 50 et 51).

« Ayant rassemblé les trois pièces, écrit M. Hippert, je » me plaçai sur le flanc de la colonne, avec laquelle je » rejoignis nos troupes au trot; je devançai les bagages » (à l'arrière-garde!), un piquet de lanciers ainsi que les » chasseurs et les cuirassiers. Je fus un moment arrêté » par l'ambulance, je parvins cependant à la laisser » derrière moi, voulant à tout prix sauver mes pièces. » Mais arrivé près du bataillon Lecharlier, on me mit le » pistolet sur la gorge, et on croisa la baïonnette pour me » faire rester devant l'ambulance. Le capitaine des cuiras- » siers et un 1ᵉʳ lieutenant me tirèrent de leurs mains; » j'allais alors trouver le major Lecharlier, pour lui » demander qu'il donnât l'ordre de laisser passer l'ambu- » lance et les chariots de bagages, ce qui fut exécuté.

» J'employai ce temps à mettre mes pièces à la pro- » longe, à les charger et à placer l'étoupille : j'avertis la » cavalerie, qui me suivait, de prendre de chaque côté de » mes pièces si l'ennemi se montrait; et qu'après mes trois » coups partis, elle devait masquer mes pièces si l'ennemi » se présentait, pour que je pusse les recharger. Ces

» dispositions prises, nous continuâmes notre marche à
» peu près pendant dix minutes sur le revers d'une mon-
» tagne, lorsque tout-à-coup l'ennemi se montra sur le
» sommet à 500 pas et nous mitrailla : au premier coup les
» cuirassiers s'ouvrirent ; mais les chasseurs et les lanciers
» masquèrent mes pièces et me mirent dans l'impossibilité
» de tirer. Le 2ᵉ coup ennemi, plus meurtrier encore, me
» tua l'attelage de derrière de la dernière pièce, ainsi que
» plusieurs canonniers et la mit hors de service. Au même
» moment, la cavalerie qui nous suivait *terrassa mes canon-*
» *niers.* La 1ᵉ et la 2ᵉ pièce continuèrent leur marche. La
» 1ᵉ fut, par l'incurie du conducteur, jetée dans un fossé ;
» la 2ᵉ tomba entre les bagages et n'en put sortir. L'en-
» nemi nous poursuivit pendant une demi heure, en nous
» attaquant également par le flanc gauche. »

Dans ces conditions la perte de ces canons n'est pas
déshonorante pour nous et l'artillerie, loin d'avoir à se
reprocher d'avoir pris part à la funeste confusion produite
par la retraite, peut s'honorer d'avoir tenté de l'arrêter.
Deux pièces de 12 de la 5ᵉ batterie commandée par le
capitaine Gantois et le lieutenant Lebrun et une pièce
de 6 de la 4ᵉ batterie, avec le lieutenant Gendebien, dirigée
par le major Kessels, firent taire le canon ennemi et
rallièrent un peu la colonne. Non loin de là toute l'artillerie
prit position et le mouvement rétrograde arrêta : la retraite
ayant continué, les batteries disposées par échelons,
entrèrent à Tongres en bon ordre et s'établirent sur les
remparts de la ville pour la défendre, mais le gros de
l'armée continuant à suivre la route de Liége, l'artillerie
laissée sans escorte, dut suivre la même direction et rentra
à Liège sans avoir été un seul instant démoralisée : officiers, sous-officiers et canonniers avaient fait leur devoir.

Dans cette ville elle se recompléta, se réapprovisionna, et à la date du 10 août, elle présentait un effectif de six batteries complètes prêtes à rentrer en campagne.

Le général Daine, dans son *Mémoire au Roi*, apprécie très-favorablement les batteries faisant partie de son armée. « J'ai eu beaucoup à me louer de l'artillerie, dit-il, à la page 25. Et plus loin : « La place n'était pas tenable tant notre artillerie était admirablement servie. » Nous ne prolongerons pas les citations, mais nous tenons cependant à faire encore remarquer que lorsqu'à Lumay, près de Tirlemont, le général Daine chargea son aide de camp, le capitaine Capiaumont, de rédiger son rapport au Roi, il lui remit une pièce entièrement écrite de sa main et dont voici ce qui concerne l'artillerie ; « Si je me suis trouvé,
» dans la nécessité de faire connaître les officiers desquels
» j'ai eu à me plaindre, je dois rendre justice à ceux qui
» ont fait plus que leur devoir; je regrette seulement
» que les chefs de corps n'aient pas satisfait aux ordres
» que je leur avais transmis de me faire connaître les
» noms des officiers, sous-officiers et soldats qui s'étaient
» particulièrement distingués. Par cette circonstance je
» ne puis citer que ceux que j'ai vus de mes propres yeux:

Le lieutenant-colonel	d'artillerie	VAN DAMME.
Le major	id.	KESSELS.
Le Capitaine	id.	PIRSON.
Le lieutenant	id.	FONSNY.
Le sous-lieutenant	id.	LAHURE.

ARMÉE DE L'ESCAUT.

Après plusieurs marches longues et pénibles dans les
bruyères de la Campine, l'artillerie, partie de Louvain
le 11 août, arriva le soir auprès du village de Bautersem,
sur la route de Tirlemont : les batteries restèrent en
position des deux côtés de la route sans prendre aucune
part à l'attaque du village, et bivouaquèrent avec toute
l'armée sur la route.

Le lendemain matin, de bonne heure, l'ennemi attaqua
dans diverses directions. La brigade Niellon ayant été longtemps engagée à l'aile gauche, une demi-batterie de la
3ᵉ compagnie commandée par le 1ʳ lieutenant de Reume et
attachée à cette brigade, y souffrit beaucoup : une de ses
pièces ayant versé en cage, ne put être relevée que par
les efforts de quelques officiers du 4ᵉ régiment d'infanterie
et de canonniers de la 1ᵉ compagnie qui survinrent peu
après. A l'avant-garde, la seconde demi-batterie de cette
compagnie, sous les ordres du capitaine de Ryckholt,
retint longtemps par son feu l'ennemi au village de
Bautersem qu'il avait repris.

Cependant la retraite ayant été ordonnée pour toute
l'armée, l'artillerie la fit en échelons par demi-batteries qui
prirent successivement plusieurs positions avantageuses
sur les hauteurs qui bordent cette partie de la route. Elle
y agit avec un effet marqué sur les masses ennemies dont
elle arrêta la marche, malgré les interruptions qu'appor-
taient dans son feu des bruits d'armistice et des ordres
répétés de ne plus tirer, bien que les Hollandais ne

discontinuassent pas d'avancer ni de faire feu. Mais elle
dut chaque fois renoncer à ses avantages pour suivre le
mouvement rétrograde. A la montagne de Pellenberg
entre autres, la 1e compagnie, capitaine Lauwereys, ayant
gravi rapidement une crête escarpée et difficile d'où ses
feux dominaient les colonnes ennemies, les força à se retirer
des vallons où elles s'étaient engagées.

Le lieutenant général Louis Du Pont, ancien commandant de la 9e batterie, dans une notice sur le combat de
Louvain publiée en 1875, écrit, que la retraite fut exécutée
avec le plus grand ensemble et que la prodigieuse activité
de la batterie de Ryckholt et des demi batteries Lauwereys
et Soudain, n'ont laissé aux demi-batteries Du Pont et
Rigano qu'une seule fois l'occasion de faire feu, Il dit
encore qu'une des causes de la réussite de l'armée de
l'Escaut se trouve, suivant lui, dans la concentration
constante de son artillerie : les quatre batteries n'en formaient qu'une seule; c'était une forteresse mobile hérissée
de feux, tenant toujours l'ennemi à distance et à l'abri de
laquelle l'infanterie et la cavalerie conservaient toute leur
confiance et toute leur liberté d'action.

Reprenons la narration du combat de Louvain. A midi
toute l'armée était rentrée à Louvain. L'artillerie, l'infanterie derrière, prit position sur les boulevards, depuis la
porte d'Aerschot jusqu'à celle de Namur, dans l'ordre
suivant : en avant de la porte de Diest, deux redoutes,
l'une à gauche enfilant toute la chaussée de Diest armée
de 2 pièces de 6 en fer, qui n'ont pas donné; l'autre,
à droite, de 4 pièces de 6 de campagne, servies par
les artilleurs de la garde civique de Namur et quelques
uns de celle de Mons; ils avaient aussi un obusier
près du pont de la Dyle. Sur le rempart, à droite,

venaient ensuite : la 1e batterie, capitaine Lauwereys;
— une demi-batterie de la 3e compagnie, capitaine
de Ryckholt ; — la 9e batterie, capitaine Du Pont ;
la seconde demi-batterie de la 3e compagnie, lieutenant
de Reume ; — un épaulement en terre, armé de 2 pièces
de 18 en bronze ; sur le rempart, à droite, la batterie de
milice du capitaine Eenens (4 pièces de 6) et une demi
batterie de 12 de la 10e compagnie, capitaine Rigano ; près
de la porte de Perck et celle de Namur, une pièce de 12 en
bronze épaulée ; une pièce de 6 en fer dans un ouvrage
avancé ; et enfin, à la porte de Namur 2 pièces de 6 de
campagne (sergent Valette) servies, ainsi que toutes les
pièces de siége par l'artillerie de milice, en grande partie
de la 8e compagnie melée en quelques endroits avec des
fantassins et des volontaires ; les 4 dernières n'ont pas
donné : en tout quarante trois bouches à feu dont 11 de
position. Ces dernières étaient commandées par le capitaine Eenens. Le Roi lui avait ordonné, de vive voix, de
rentrer dans Louvain, d'y prendre le commandement des
pièces de grosse artillerie en batterie sur les boulevards,
de s'assurer que ces pièces étaient en état de faire feu et de
protéger, s'il y avait lieu, la rentrée de l'armée dans la
ville. (¹)

Ces dispositions étaient à peine prises que l'ennemi
déboucha par masses serrées du village de Corbeek sur la
route de Tirlemont. La vue des nombreuses colonnes
soutenues d'artillerie légère qu'il déployait dans la plaine
avait déjà commencé à jeter le désordre dans les rangs
de notre infanterie, lorsque nos batteries ouvrirent sur

(¹) Bataille de Louvain. *Souvenir d'un vaincu*, p. 13.

toute la ligne un feu terrible, qui, pendant un quart d'heure, convergeant à 800 pas sur une chaussée étroite encombrée de masses épaisses, où il faisait de larges et profondes trouées, repoussa l'ennemi et le força à se retirer en désordre après avoir subi de grandes pertes. Nos canonniers pleins d'ardeur, tiraient aux cris de « Vive le Roi! » « Vivent les Belges! » avec tant d'adresse qu'ils démontèrent trois des pièces d'artillerie légères hollandaises qui nous rendaient un feu très-vif et incendièrent un caisson. Le succès était complet lorsqu'avec la nouvelle d'une suspension d'armes qui venait d'être conclue arriva l'ordre de cesser le feu. Les canonniers eurent bien de la peine à obtempérer à cet ordre.

Le Prince d'Orange dans son IXe bulletin écrivit : « La vive canonnade partie de la ville sur les troupes hollandaises me semble être une trahison. »

D'autre part de vives critiques de la part d'écrivains hollandais se sont produites plus tard à charge du capitaine Eenens, à qui ils reprochent d'avoir violé l'armistice, à Louvain, en ouvrant le feu de sa batterie. Le capitaine a toujours repoussé cette allégation avec la plus grande énergie disant que voyant la retraite de l'armée sur Louvain compromise par des manœuvres suspectes et des attaques à force ouverte faites au mépris du droit de la guerre, il avait exécuté l'ordre qu'il avait reçu du Roi (¹).

Le lieut¹-général L. Du Pont, dans la notice que nous avons déjà citée, écrit : « A Louvain je faisais face à l'attaque hollandaise et je puis déclarer péremptoirement

---

(¹) Bataille de Louvain. *Souvenir d'un vaincu,* p. 25.

que les premiers coups de canon y ont été tirés par nos ennemis. » (¹)

L'affirmation de ces deux officiers éminents, l'un et l'autre, ancien inspecteur de l'artillerie, nous suffit pour ne pas attacher plus d'importance à cette accusation.

Le coup porté par notre artillerie sauva l'armée, qui parvint à se dégager sans être contrainte de déposer les armes. Elle dut son salut à la vigueur pleine d'à propos déployée par les commandants de batterie dans les moments décisifs (²) et traversa la ville pour se diriger sur la route de Malines, où une colonne ennemie qui lui barrait le passage, fut bientôt dispersée. Une section de la 1ᵉ compagnie sous les ordres du 1ʳ lieutenant Soudain de Niederwerth tira là encore quelques coups de canon.

L'état des munitions consommées par l'artillerie fait foi que dans cette journée il fut tiré de notre côté près de *quatorze cents* coups de canon.

Le major P. Du Pont, commandant l'artillerie de l'armée de l'Escaut s'exprime comme suit, dans son rapport au Ministre de la Guerre daté du 17 août 1831, sur la conduite des troupes sous ses ordres : « Les troupes de l'artillerie
» se sont conduites avec une grande bravoure ; les capi-
» taines les ont commandées avec sangfroid et intelligence ;
» les officiers et soldats ont généralement fait preuve de
» courage et de zèle. Toute l'armée convient que la con-
» duite de l'artillerie l'a sauvée d'une grande débâcle.
» Elle aurait pu faire des pertes immenses si l'ennemi
» n'eut été arrêté par l'artillerie, d'abord dans les diverses
» positions de flanc et ensuite devant *Louvain*. »

(¹) Notice sur la journée du 12 août, insérée dans le n⁰ 241 de la *Belgique militaire* du 29 août 1875.

(²) Bataille de Louvain. *Souvenir d'un vaincu*, p. 26.

Le major Du Pont signalait comme s'étant particulièrement distingués les officiers dont les noms suivent :

1re BATTERIE.

Capitaine	Lauwereys.
1^r Lieutenant	Soudain de Niederwerth.
2^d id.	Van Damme.
2^d id.	Tummers.

3me BATTERIE.

Capitaine	de Ryckholt.
1^r Lieutenant	Mockel.

9me BATTERIE.

Capitaine	Du Pont.
1^r Lieutenant	de Guaita.
2^d id.	Tixhon.

10me BATTERIE.

Capitaine	Rigano.
2^d Lieutenant	Leurs

BATTERIE DE MILICE.

Capitaine	Eenens.

Les commandants de batterie sont unanimes, dans leurs
rapports, pour signaler la belle conduite de leur troupe.

Le capitaine Lauwereys écrivait le 20 août : « Excepté
» le canonnier S...., tous les autres se sont montrés braves
» lorsque les boulets ennemis roulaient abondamment

» entre les pièces, tuaient des chevaux, blessaient leurs
» camarades. Lorsque les autres troupes se retiraient
» derrière leurs pièces ces canonniers s'écriaient : « nos
» officiers sont là, restons tous à notre poste. » En général
» le personnel de la batterie a prouvé ce que vaut la
» discipline qui y a été établie et toujours maintenue depuis
» son organisation.

» Dans cette journée, disait le capitaine Bounam de
» Ryckholt, « chacun des canonniers se distingua par
» son sangfroid et sa gaité. C'était pour lui un jour de
» fête, malgré le deuil qui devait couvrir la Patrie.

» A peine le canonnier, dans ses dangereuses fonctions
» voulut se faire relever, et but de l'eau, afin de conserver
» son sangfroid, après avoir rejeté le genièvre que les
» habitants de Louvain lui offraient à discrétion.

» Tels sont les faits que j'ai pu observer dans cette
» journée de triste mémoire où la conviction seule d'avoir
» fait mon devoir a pu me soutenir contre la honte d'une
» défaite dont l'homme impartial jugera les motifs. »

Nous lisons encore dans une note remise, le 13 août, à
son commandant par le sergent-major Dusillion, de la
9e batterie : « Les officiers, sous-officiers, caporaux et
» canonniers de la 9e batterie se sont conduits avec un
» sangfroid et un courage exemplaires. Jugeant les affaires
» par l'effet qu'ils venaient de produire sur l'ennemi,
» ils croyaient à la victoire, mais furent bien tristement
» affectés lorsqu'arrivés hors de la porte de Malines ils
» s'aperçurent que c'était une déroute. »

Les artilleurs des batteries Rigano et Eenens étaient
aussi braves que ceux des autres batteries. Les habitants
de Louvain qui avaient vu leur vaillante conduite sur les
remparts les remercièrent avec effusion et ne leur épar-

gnèrent ni les éloges ni les félicitations. Ils leur remirent des vivres et du vin, car depuis 36 heures, rapporte Eenens (*Bataille de Louvain. Souvenir d'un vaincu*), ils n'avaient eu pour soutenir leurs forces qu'un peu de pain de munition, leur courage et leur dévouement au pays. Ce noble sentiment implanté avec tant de force au cœur de nos compatriotes, l'était surtout à celui des classes inférieures de cette époque. L'esprit vraiment militaire qui animait les canonniers de siége comme ceux des batteries de campagne, se prouve par la citation suivante tirée de l'ouvrage d'un habitant de Louvain, témoin oculaire des événements : « A six heures du soir, je ren- » contrai dans la rue de Diest, en face de la porte d'entrée » du théâtre Frascati, quelques artilleurs de la batterie » que nous défendions le matin; les chevaux de trait » manquant ils traînaient à bras leurs canons de position » ne voulant pas les abandonner (¹). »

L'artillerie paya chèrement le succès qu'elle remporta; une vingtaine d'hommes furent tués, un plus grand nombre blessés. Beaucoup de chevaux furent également mis hors de service (la 3ᵉ batterie perdit près de la moitié de ses attelages); une pièce de la batterie de Ryckholt éclata par suite d'un tir continu, et à la batterie de 18ˡ un baril à gargousses ayant éclaté pendant l'action tua un caporal et quelques hommes.

Longtemps après l'action, à la redoute hors de la porte de Tirlemont, un coffre de batterie ayant sauté par impru- dence, tua, de la manière la plus déplorable, une dizaine d'hommes dont un canonnier.

Aux termes de la capitulation, l'évacuation de Louvain

(¹) Vandertaelen. *Campagne des Dix Jours*, p. 98.

ne devait avoir lieu que le lendemain 13 à midi. Les officiers d'artillerie y restés s'occupèrent activement, toute la nuit, à sauver le matériel immense que renfermait le Parc d'artillerie établi au collège philosophique. Au matin, ils ne purent réunir, que dans la proportion de 30 sur 250, les nombre de chevaux qui leur étaient nécessaires pour l'évacuation de ce matériel; ils travaillèrent, aidés des ouvriers du canal et de quelques bourgeois, à embarquer sur plusieurs grands bâteaux qui descendirent à Malines de 5 à 600.000 cartouches et une vingtaine d'affûts et de caissons. Presque tous les moyens de transport avaient été envoyés hors ville. A 1 $\frac{1}{2}$ heure, 10 pièces de siége que l'on n'avait pu atteler furent enclouées et jetées dans le canal pour que l'ennemi n'en profitât pas. Les officiers se retirèrent alors emmenant encore avec eux 6 pièces dont une de 12 et cinq pièces de campagne que les artilleurs de la garde civique de Namur avaient abandonnées, sans doute faute de chevaux pour les sauver.

ARMÉE DES FLANDRES.

Deux sections de la 6ᵉ batterie de campagne étaient à
Gand et reçurent, le 2 août, l'ordre de partir : l'une pour
Sᵗ Nicolas sous les ordres du 2ᵈ lieutenant Becker, l'autre
pour Selzaete, sous le commandement du 1ʳ lieutenant
Delobel. La section stationnée à Eecloo se dirigea sous
les ordres du 2ᵈ lieutenant Maillet sur Watervliet où le
commandant Lecocq alla rejoindre le commandant de la
3ᵉ brigade d'infanterie. Aucune de ces sections ne put en
venir aux mains avec l'ennemi ; elles firent plusieurs
mouvements pour soutenir des postes attaqués par les Hollandais, mais ces derniers avaient toujours été repoussés
avant l'arrivée des pièces.

Le 6 arrivèrent à Westcappel deux pièces de 6, commandées par le 2ᵈ lieutenant Dungelhoff et servies par des
canonniers de la 4ᵉ compagnie d'artillerie de milice. Le
lendemain ces pièces furent dirigées sur l'écluse de Hazegras que l'ennemi menaçait. L'une d'elles fut placée à
gauche de la dite écluse, dans une petite flèche d'où on
pouvait inquiéter les canonnières et les empêcher de se
rendre vis à vis de l'écluse ; l'autre prit position dans un
endroit d'où elle enfilait deux digues qui servent de com-
munication du Hazegras à la ville de l'Ecluse. Bientôt
trois canonnières s'approchèrent, mais la pièce placée
dans la flèche les arrêta, leur fit des avaries et, par un
feu bien dirigé, en contraignit deux à se retirer. La
3ᵉ plus endommagée, échoua et fut prise.

Au reflux, la pièce en position dans la flèche fut retirée
et placée près de l'écluse dont les Hollandais s'approchaient

venant de la ville; quelques coups suffirent pour mettre le désordre dans leurs colonnes, et il fut dès lors facile à l'infanterie de les repousser.

Vers les 6 heures du soir, l'ennemi vint se présenter en sortant du village de Ste Anne, près de la route de Westcappel au Hazegras. Aussitôt les pièces furent dirigées sur ce point, et, comme le matin, elles déterminèrent la fuite de l'ennemi qui fut repoussé jusque dans son village.

Le 9, le 2^d lieutenant Dungelhoff se rendit avec ses pièces à Maldeghem. Il fut remplacé par le 2^d lieutenant Orban, de la 5e compagnie de milice, ayant sous ses ordres trois pièces de 6 et un obusier de 15. Ces pièces furent mises en position au Hazegras et placées à Westcappel.

Les premières tirèrent quelques coups sur les alléges qui se rendaient à l'écluse.

Le 11, l'ennemi vint attaquer le pont de Paille, sur la Lière, sur la route de Maldeghem à Aardenburg.

Le lieutenant Dungelhoff plaça ses pièces au nord du pont derrière un épaulement qu'il avait fait approprier à cet effet. A l'approche de l'ennemi, ses canons foudroyèrent la tête de la colonne et ripostèrent avec avantage aux bouches à feu que celui-ci fit avancer contre eux. Malheureusement, l'essieu de l'affût de l'un d'eux plia, au point de le mettre hors de service. L'autre resta seul en position, et fit beaucoup de mal à l'ennemi jusqu'au moment où il fut tourné par la colonne hollandaise qui débouchait de Lede. Déjà Dungelhoff était pris de revers; un coup de mitraille fit tomber près de lui un grenadier et deux canonniers dont un mortellement blessé. Force lui fut alors d'abandonner cette position, et ce ne fut qu'en courant les plus grands dangers qu'il parvint à sauver sa dernière pièce et à la placer à l'entrée de Maldeghem.

Les Hollandais ne restèrent pas longtemps au pont de Paille; ils comprirent que l'opiniâtre résistance, qu'ils avaient rencontrée avait rendu leur position critique. En effet, le général de Wautier s'avançait par la route d'Eecloo à Bruges, avec une colonne d'environ 2500 hommes et 3 pièces de 6. Ces pièces étaient commandées par le 2ᵈ lieutenant Harinckx, de la 3ᵉ compagnie de milice qui était arrivé à Bassevelde quatre jours auparavant. Le colonel Moyard venait par Middelbourg et débouchait sur l'aile droite de l'ennemie. Les quatre canons servis par les pompiers de Gand et si énergiquement réclamés au gouvernement par la commission de sureté publique de cette ville, comme nous l'avons vu, prirent également part à l'expédition. De Watervliet vinrent cinq compagnies d'infanterie et la section qui s'y trouvait avec le capitaine Lecocq; le tout commandé par le colonel Kénor, dont l'intention était de déborder l'ennemi et de lui couper la route d'Aardenburg en passant par Sᵗᵉ-Croix. Ce détachement avait déjà dépassé Sᵗ-Laurent lorsque l'on apprit la retraite des Hollandais, et l'ordre lui fut donné de rentrer dans ses positions.

Les sous-officiers et soldats qui se sont distingués ici sont les sergents Vergracht et Lefèvre, les canonniers Delespaux, Trioen, Hornebreck, Vandeputte (mort), Salomon, et Van de Moere; tous de la 4ᵉ compagnie de milice.

Dans les différentes tournées que fit le capitaine Lecocq, il apprit, des commandants des diverses brigades qu'ils n'avaient qu'à se louer des officiers d'artillerie et particulièrement du 1ʳ lieutenant Delobel qui fit fortifier Zelzaete, en l'absence de l'officier du génie, du 2ᵈ lieutenant Dungelhoff, qui montra un courage rare et du 2ᵈ lieutenant Maillet pour son activité et son infatigable surveillance.

Telle est la part glorieuse prise par nos batteries aux opérations de la campagne des Dix Jours. S'il nous faut déplorer la fin funeste de celle-ci, il faut néanmoins dire que l'artillerie n'eut à se reprocher aucune faiblesse; dans toutes les rencontres, les commandants de batterie puissamment aidés par un personnel d'élite, à qui, en peu de temps, ils avaient inculqué la discipline et les connaissances du métier, montrèrent une initiative intelligente, de la bravoure et une compréhension juste des événements parfois obscurs de cette campagne.

Cette noble conduite n'avait pas échappé à notre jeune souverain, Léopold I\ :sup:, qui, à l'issue des opérations (15 août) adressa un ordre du jour à l'armée dans lequel les actes de l'artillerie étaient hautement appréciés.

« Je suis chargé par Sa Majesté, disait le chef d'Etat-
» major général, de porter à la connaissance de toute
» l'armée belge que le Roi témoigne son entière satis-
» faction à l'artillerie, qui par sa fermeté et sa bravoure
» devant l'ennemi, sa discipline et son bon ordre dans les
» marches, cantonnements et bivacs a mérité l'approbation
» royale dont je me félicite d'être aujourd'hui l'interprète. »

La belle réputation de l'artillerie date de cette époque et les journaux du temps contribuèrent, pour une large part, à la faire passer dans l'opinion publique. A peine la campagne terminée, *le Belge* publiait dans son numéro du 30 août : « Si l'état-major a laissé beaucoup à désirer, en
» revanche l'artillerie n'a pas réalisé les craintes que l'on
» avait conçues sur son compte, à cause du petit nombre
» d'officiers capables que nous croyions posséder dans
» cette arme. »

Et il ajoutait : « Nos batteries ont fait partout un mal
» prodigieux à l'ennemi. Sous les murs de Louvain,

» quand l'infanterie pliait, cédant sous le poids d'un
» combat inégal, il fallait voir nos artilleurs restés presque
» seuls en présence d'une armée, comme ils arrêtèrent
» tout court les bataillons hollandais qui voulaient se
» précipiter dans Louvain et, dans la retraite sur Malines,
» lorsque Saxe-Weimar voulait nous barrer le passage,
» ils nous ouvrirent, à coups de canon, une route san-
» glante au travers des rangs ennemis. »

Dans son ouvrage « *La Belgique depuis 1830.* » publié
en 1848, Ch. Poplimont écrit : « L'arme qui se conduisit le
» mieux parcequ'elle ne fut affligée ni par une seule
» désertion, ni par un seul acte de faiblesse, fut sans doute
» l'artillerie. L'armée se rappellera toujours la batterie du
» capitaine Eenens qui, devant Louvain, détruisit
» presqu'en entier un escadron de cuirassiers. »

Le colonel Huybrecht,([1]) en appréciant la conduite des
différentes armes pendant la campagne, s'exprime comme
suit sur celle de l'artillerie : « L'artillerie, réduit à une
» vingtaine d'officiers revenus de l'armée des Pays-Bas se
» montra, dès son début, digne de la position qu'elle a prise,
» depuis, dans les armes spéciales des armées d'Europe.
» Quoique ses pièces ne fussent, en grande partie, attelées
» que de chevaux de réquisition, elle étonna les généraux
» hollandais par la rapidité de ses mouvements et la
» justesse de son tir. »

Quels faits citer encore à la gloire de nos artilleurs?
L'ennemi lui-même reconnaissait leur vaillance. Au lendemain de la bataille de Louvain les officiers hollandais
demandèrent aux habitants de cette ville si c'étaient des
artilleurs français qui avaient servi les pièces de la porte

([1]) *Histoire politique et militaire de la Belgique* (1830-1831), p. 143.

de Tirlemont. Ces pseudo-français étaient des canonniers de l'ex-5ᵉ bataillon en garnison à Namur et ceux de la batterie de la brigade Van Coeckelberghe. Ils avaient infligé des pertes terribles à l'ennemi.

Enfin nous avons tenu note d'un articulet inséré au *Moniteur* du 19 août et qui relate que le Prince Fréderic des Pays-Bas, en entrant à Louvain, le 13 août, s'était informé du nom d'un capitaine d'artillerie dont il avait remarqué la veille le courage chevaleresque. On lui répondit que c'était Lauwereys, et que cet officier était de l'artillerie de Mons.

En résumé dans tous les ouvrages que nous avons lus sur les événements de cette courte campagne, les auteurs louent l'artillerie qui, d'après les uns, se distingua particulièrement, d'après les autres, méritait bien du pays et de la reconnaissance publique, ou enfin, de l'avis de tous, avait déployé un courage au-dessus de tout éloge.

Nous venons de voir que les troupes d'artillerie de siége qui prirent part aux faits de guerre, rivalisèrent de vaillance avec celle de l'artillerie de campagne.

Le corps d'artillerie de siége a eu pour noyau de formation quelques officiers, gradés et soldats, d'origine belge, qui avaient appartenu à l'un des bataillons (2ᵉ et 5ᵉ) d'artillerie de milice de l'ancienne armée des Pays-Bas, en garnison dans nos provinces à l'époque où éclata la Révolution.

Les officiers et gradés, d'origine belge, en service près des autres bataillons d'artillerie de milice de l'armée précitée, vinrent augmenter l'effectif de ce noyau.

Le corps d'artillerie de siége fut composé, au début, de dix compagnies numérotées de 1 à 10 et de cinq compagnies numérotées de 1 à 5ᵇⁱˢ. Ces quinze compagnies étaient dites d'artillerie de milice.

La formation des dix compagnies numérotées de 1 à 10, fut ordonnée par un arrêté du Gouvernement Provisoire du 10 novembre 1830. Ces compagnies étaient composées comme suit :

GRADES.	Nombre	OBSERVATIONS.
Capitaine de 1re classe. . . .	1	
Lieutenant de 1re »	1	
» de 2e »	1	
Officiers . . .	3	
Sergent-major.	1	
Sergent	6	
Fourrier	1	
Caporaux	6	
Trompettes	2	
Charron	1	
Forgeron	1	
Charpentier	1	
Canonnier de 1re clse volontaires.	20	
Id. 2e id. miliciens .	80	En temps de paix 2/3 en congé pendant 11 mois de l'année.
Sous-officiers et Canonniers.	119	

Les compagnies n°s 1 à 5 furent organisées à Ypres. Elles prirent le nom de Compagnies d'Ypres.

Les troupes d'artillerie, d'origine belge, de l'ancienne armée des Pays-Bas, qui avaient été réunies jusqu'à cette époque à Tournay, Ath, Ypres, Ostende et Gand, servirent conjointement avec les miliciens provenant de l'ex-2e bataillon d'artillerie de milice, qui était recruté dans nos provinces, à la formation de ces cinq compagnies qui furent organisées par le capitaine d'artillerie Van Ruymbeke.

Ce deuxième bataillon créé en 1814, était commandé, à l'époque de la Révolution belge, par le lieutenant-colonel de Ranitz.

Les compagnies nᵒˢ 6 à 10 furent organisées à Namur et prirent le nom de compagnies de Namur.

Les troupes d'artillerie de l'ancienne armée des Pays-Bas, d'origine belge, réunies jusqu'à cette époque, à Namur, Dinant, Philippeville et Mariembourg servirent conjointement avec les miliciens provenant de l'ex-5ᵉ bataillon d'artillerie de milice, qui était recruté dans nos provinces, à la formation de ces compagnies dont l'organisation fut confiée au capitaine d'artillerie Eenens.

Ce 5ᵉ bataillon créé en 1814, était commandé, à l'époque de la Révolution belge, par le lieutenant-colonel Tengbergen.

Les compagnies nᵒˢ 1 à 5ᵇⁱˢ furent organisées à Liége en novembre 1830 par le colonel Charles de Brouckère. Elles furent désignées sous le nom de compagnies de Liège.

En août 1831, lors de la reprise des hostilités, les quinze compagnies d'artillerie de milice se trouvaient réparties dans les places fortes.

Le 1ᵉʳ août le général Bᵒⁿ Chassé, commandant la citadelle d'Anvers, dénonça l'armistice par une lettre adressée au général de Thabor, gouverneur militaire de cette place. Le lendemain de cette dénonciation, celui-ci s'empressa d'offrir au général hollandais la neutralité de la ville; mais cette proposition fut rejetée avec hauteur. Dans la nuit du 4 août, le général Belliard, ministre plénipotentiaire de France près le Roi des Belges, essaya vainement de fléchir Chassé et d'obtenir la prolongation de l'armistice pour la ville. L'ambassadeur fit une seconde tentative dans la matinée du lendemain. Ce même jour les troupes de la citadelle firent une sortie contre les travaux d'attaque exécutés par les compagnies de siége n° 6 et n° 9 en garnison, à cette époque, à Anvers. La 6ᵉ batterie avait construit diverses batteries destinées à bombarder la citadelle lorsque le général Chassé avait, le 15 mai, fait occuper la lunette Sᵗ-Laurent. Ces batteries d'abord au nombre de cinq avaient l'armement suivant ;

Batterie n° 1. 4 mortiers de 29ᶜ.
   Id. n° 2. 2 mortiers de 20ᶜ.
   Id. n° 3. 4 mortiers de 29ᶜ.
             4 obusiers de 20ᶜ.
   Id. n° 4. pas armée.
   Id. n° 5. 4 mortiers de 29ᶜ.

A quelque temps delà on construisit encore deux autres batteries qui ne furent pas armées, mais les unes et les autres occupèrent à peu près les emplacements que les Français choisirent pour les leurs en 1832.

Elles étaient peu ou point reliées entre elles par des tranchées, mais suffisamment dérobées à la vue de l'ennemi par les haies et les arbres fort abondant aux environs d'Anvers et la garde n'en était confiée qu'à deux postes d'infanterie, chacun de 20 à 30 hommes. Le service de leurs bouches à feu était assuré par une trentaine d'artilleurs.

Nos vaillants canonniers ne comprenant rien aux pourparlers qui se poursuivaient et les interprétant même défavorablement aux intérêts du pays, ne purent contenir leur impatience de se mesurer avec l'ennemi et répondirent, malgré la défense formelle qui en avait été faite, par quelques coups de canon à ceux tirés par les Hollandais.

Ceux-ci, au nombre de 1000 à 1200 assaillirent, le 5 août, vers 10 heures du matin, nos travaux d'attaque et à 11 heures ils les avaient débordés. Le capitaine Eenens, avec quelques fantassins et quelques artilleurs, chassa l'ennemi d'une batterie où il avait pénétré après en avoir encloué déjà deux autres. Huit pièces furent mises hors d'usage. Repoussé par nos troupes l'ennemi se retira, en désordre, dans la citadelle d'où l'on continua de canonner longtemps encore après la rentrée de la colonne. Le feu fut repris le soir et il ne cessa de toute la nuit. ([1])

Devant l'entêtement et l'énergie sauvage du général Chassé, aigri par la défaite d'octobre 1830, le général Belliard crut le moment venu de déclarer que la France et les autres Puissances prenaient Anvers sous leur protection. Chassé s'engagea alors à suspendre les hostilités jusqu'à ce qu'il eût reçu de nouvelles instructions de son gouvernement. Elles arrivèrent le 8 août stipulant qu'Anvers n'aurait rien à craindre aussi longtemps que la garnison de la citadelle ne serait pas forcée d'user de représailles. Nos artilleurs éprouvèrent une amère déception de ne pouvoir combattre.

La veille, 7 août, leur capitaine avait demandé des

([1]) Quoique le fait que voici ne se rapporte pas à un artilleur, nous avons néanmoins voulu le citer, parcequ'il dénote un courage stoïque chez son auteur. Le grenadier *Poncelet*, du 3e régiment de ligne, eut dans cette sortie un bras emporté par un boulet. Il arriva dans la batterie no 2 portant son fusil sur l'épaule tout en tenant dans la main son autre bras coupé ; il était tombé, disait-il, s'était relevé, avait ramassé son fusil, puis son bras entièrement détaché ; il était ainsi arrivé près des canonniers de la 6e compagnie sans avoir rien abandonné. Ceux-ci soignèrent leur courageux camarade et le voyant à bout de forces ils le transportèrent à l'hôpital. Poncelet reçut la croix de l'ordre de Léopold le 15 décembre 1835.

hommes de bonne volonté pour rejoindre avec lui l'armée en campagne vers Aerschot. Il ne lui en fallait qu'une quarantaine et tous voulaient partir, ne désirant pas rester devant cette citadelle où ils avaient été laissés à peu près seuls et sans défense. Pas un canonnier, écrit un ancien sous-officier de la 6e compagnie, (¹) ne voulut se séparer du capitaine Eenens qui était le seul en qui ils eussent confiance. Les meilleurs d'entre eux furent choisis par lui et leur conduite à Louvain tant dans la plaine que sur les remparts, mérite les plus grands éloges.

La 2e compagnie, organisée à Ypres, vint remplacer, à Anvers, la 6e partie pour rejoindre l'Armée de l'Escaut.

Vers la même époque, la 8e compagnie partit de Namur pour Louvain à l'effet d'assurer l'armement, l'approvisionnement et le service des pièces en batterie sur les remparts. Cet armement comprenait :

2 pièces de 18¹ en bronze ;

3 pièces de 12¹ en bronze ;

4 pièces de 6¹ en fer ;

2 pièces de compagne de 6¹ sur affût Gribeauval.

II

Cette batterie desservait également le parc de réserve établi au Collège philosophique.

Le lieut^t-général Du Pont dit, que cette batterie a parfaitement suffi au service des bouches à feu pendant la canonnade et que c'est elle qui, dans la nuit qui suivit la capitulation, et avec l'aide des ouvriers brasseurs de Louvain, jeta, dans le canal, des pièces de bronze de

---

(¹) Major d'artillerie en retraite Luc, mort en 1881.

l'armement de la place, afin de les soustraire aux recher-
ches de l'ennemi.

Les 3 pièces de 12^l en bronze dont il est question dans
le tableau d'armement ci-dessus, étaient commandées par
le caporal Huquenay, de la 10e compagnie, arrivé à Louvain
peu de jours avant le combat avec un convoi de poudre.
Craignant d'être fait prisonnier, le caporal avait dû rentrer
à Louvain qu'il venait de quitter pour rejoindre sa garnison. Il fut pris en subsistance à la 8e batterie, et le matin
du 12 août, il obtint la faveur de se rendre aux remparts en
remplacement d'un sous-officier qui s'était récusé prétextant
son grand âge et sa qualité de père de famille. Le commandant des 3 pièces de 12^l en bronze, s'étant éloigné sous
prétexte d'une commission pressée, Huquenay prit le
commandement de ces pièces, pour le service desquelles il
ne lui restait que 6 canonniers. A l'approche de l'ennemi il
se multiplie et par sa conduite calme, intelligente et énergique, fait essayer de grandes pertes à la cavalerie, et
démonte une pièce. En ce moment passa le Roi, il s'arrêta
près de la batterie et félicita le caporal sur son tir en lui
disant qu'il serait récompensé. La récompense alla se
perdre sur la poitrine du poltron qui s'était récusé.
Huquenay attendit pendant 44 années la réparation de
cette injustice, heureux encore de l'obtenir sur le tard, car
il savait que si la justice de Dieu se laisse quelquefois
attendre, celle des hommes n'arrive parfois jamais. Par
arrêté du 26 mars 1875, Sa Majesté Léopold II décerna la
croix de chevalier de son Ordre à Huquenay, Eugène-Louis,
ex-sous-officier d'artillerie, pour ses anciens services militaires, sa bravoure et sa belle conduite à Louvain, le 12
août 1831.

Reportons-nous à Anvers, dernier refuge de la domination étrangère.

Nous avons dit un mot des batteries construites par les 6ᵉ et 9ᵉ batteries de milice au printemps de l'année 1831, lorsque le général Chassé avait jugé convenable de mettre une garde dans les lunettes Sᵗ-Laurent et de Kiel, et de faire construire une caponnière entre le chemin couvert de la demi-lune et la gorge du fort Sᵗ-Laurent.

Ces batteries, ainsi que deux parallèles, avaient été construites avec une rapidité prodigieuse. Chassé s'était emparé de la lunette Sᵗ-Laurent dans la nuit du 14 au 15 mai. Le 17 au matin, plusieurs batteries étaient terminées, armées (26 bouches à feu), et approvisionnées.

Deux communications, tenant lieu de parallèles et reliant les batteries, d'un développement, l'une de 1600 mètres, et l'autre de 1300 mètres, facilitaient les transports d'artillerie. L'activité fiévreuse de l'artillerie puissamment aidée par des auxiliaires civils avait produit cet heureux résultat. La Révolution de septembre, en empêchant les transactions commerciales, avait mis dans l'oisiveté un nombre considérable d'ouvriers, employés aux travaux ordinaires du port. Les gens de cette classe ne demandaient que du travail et du pain pour rester paisibles. On fit parmi les habitants aisés des souscriptions qui permirent de leur distribuer un salaire de 50 cents (un franc) par jour en les occupant à quelques travaux insignifiants. Le souvenir du bombardement de la ville était encore bien vivace dans le cœur de cette partie de la population qui reçut, avec une véritable joie, l'annonce des travaux qu'on allait entreprendre contre la citadelle. Un appel pour contribuer à ces travaux lui fut adressé, et elle y répondit avec le plus vif enthousiasme. On disposa ainsi de plusieurs milliers de terrassiers. Un parc de siége avait été disposé à l'arsenal (rue du mai) où l'on avait

rassemblé tout ce que l'on avait pu se procurer en brouet-
tes, outils de terrassiers, sacs à terre, gabions etc. Les
travaux furent suspendus le 20 mai.

Antérieurement à cet épisode, les Belges avaient déjà
établi des batteries sur les fortifications de la ville à proximité de la citadelle; le fort du Nord avait été armé en
partie et quelques batteries avaient été élevées entre ce
fort et la porte du Slijck, pour défendre le passage de
l'Escaut.

Les travaux, interrompus au mois de mai, furent repris
et continués lentement. La citadelle et les forts ayant été
complètement approvisionnés et leur armement placé sur
un pied formidable, les Belges ne restèrent pas inactifs
et dans le courant de 1832 ils se mirent, autant que
possible, à l'abri des attaques de l'ennemi. Ils armèrent
complètement le fort du Nord, de même que les batteries
du Kattendijck situées entre ce fort et la ville. Une nouvelle batterie très-élevée fut construite à gauche de l'entrée
du bassin du Commerce. Les quais exposés au feu de la
flottille hollandaise furent coupés sur toute leur longueur
par une tranchée profonde, avec un parapet et des cré-
neaux du côté de la rivière. Toutes les rues aboutissant
aux quais furent fermées par des épaulements en terre
garnis de canons. Vis-à-vis de la Tête de Flandre, à
l'endroit nommé le Werf, on établit une batterie de mortiers et de pièces de gros calibre, placée de manière à
croiser ses feux avec ceux d'une autre batterie construite
à droite de l'entrée du bassin. A l'extrémité du quai, du
côté de l'arsenal, une quatrième batterie dirigeait ses feux
sur l'Escaut vis-à-vis de la citadelle. De cette manière
l'armement des quais seuls consistait en 61 bouches-à-
feu. Plus tard, lorsque la France et l'Angleterre eurent

manifesté l'intention de recourir aux mesures coërcitives, les Belges construisirent encore deux batteries, l'une à Hoboken, sur la rive droite en amont de la citadelle, l'autre sur la rive gauche, en amont du fort de Burght occupé par les Hollandais.

Les précautions prises contre une attaque du côté du fleuve, avaient été renouvelées du côté de l'esplanade située entre la citadelle et la ville. Là aussi l'entrée de toutes les rues était fermée par des épaulements en terre garnis de canons et de mortiers. A gauche de la porte des Béguines, dans le terre-plein du bastion de la place, on avait construit une grande batterie blindée pour huit mortiers. Une seconde batterie de petits mortiers fut établie dans une demi-lune en avant de la porte de Malines. Six pièces de canon furent en outre placées dans la lunette Montebello qui protégeait la porte des Béguines. Une semaine avant l'arrivée de l'armée française, l'armement des Belges, dirigé contre la citadelle, la flotille et la Tête de Flandre, était de 410 bouches à feu; tandis que les Hollandais, en exceptant les canons de l'escadre, n'en avaient que 414, les unes mises en batterie et les autres placées en dépôt pour servir selon les besoins. (¹)

Après ces travaux considérables, l'artillerie comptait pouvoir réduire la citadelle. D'accord avec leurs chefs plusieurs commandants espéraient bien servir les batteries qu'ils avaient construites, mais on leur fit comprendre qu'ils devaient les remettre à l'armée française. Ils firent d'abord la sourde oreille mais ils durent s'exécuter à leur grand regret et à celui de tout leur personnel. Une

---

(¹) *Relation du siége de la citadelle d'Anvers.* Bruxelles, 1833. pp. 14 et 15.

convention intervenue, le 10 décembre, entre les gouvernements français et belge avait stipulé en effet la remise à l'armée française de tous les postes et forts occupés par nous autour de la citadelle d'Anvers. En cas d'agression des Hollandais contre les Belges, l'armée française et l'armée belge devaient agir de concert pour repousser cette agression. Ce cas ne se présenta pas et la coopération de l'artillerie belge au siége se borna à pourvoir l'armée française de certains approvisionnements, mission dont elle s'acquitta de façon à mériter les éloges du commandant en chef de l'artillerie de nos braves alliés. En effet le général Neigre écrivit cette lettre au lieutenant-colonel Van Damme.

Berchem, le 3 janvier 1833.

Monsieur le lieutenant-colonel Van Damme.

Pendant la durée du siége d'Anvers, j'ai été à même d'apprécier le zèle et l'activité avec lesquels vous avez pourvu aux approvisionnements que nous avons tirés de la Belgique. Au moment où les relations de service que nous avons eues ensemble, sont sur le point de cesser, je me fais un plaisir de vous en témoigner toute ma gratitude ainsi qu'aux officiers employés sous vos ordres.

Le lieutenant-général, commandant
l'artillerie de l'armée du Nord,
(s.) Neigre.

Un détail pour finir et que nous trouvons dans la « *Relation du siége d'Anvers* » ouvrage publié en 1833. Déjà, lisons-nous, depuis le commencement du siége le ministre de la guerre de Belgique avait insisté sur l'emploi d'un mortier d'énormes dimensions, (60 cent[s]) lançant des bombes du poids de 1000 livres environ (¹). Fondu récemment à Liège, les premières épreuves qu'on en fit ne furent pas heureuses, les bombes étant brisées au sortir de la pièce. Des épreuves faites après à Brasschaet, pendant les derniers jours du siége, réussirent beaucoup mieux.

Dans la journée du 20 décembre on plaça cette énorme pièce dans le chemin couvert entre la porte de Malines et le fort Montebello, à une distance d'environ 500 toises en ligne droite du centre de la citadelle; l'artillerie française après l'avoir placée en batterie, en laissa le service à l'artillerie belge(²). Dans la nuit du 21 au 22, la première bombe vint à tomber à côté du grand magasin à poudre; l'explosion fut terrible, mais ne causa aucun dommage; dans la journée du 22 quelques-unes de ces bombes tombèrent encore dans la citadelle, mais en des endroits où il n'y avait plus de dégâts à faire.

Nous venons de dire un mot du siége de la Citadelle. Le brave et valeureux général Chassé fit des efforts désespérés pour conserver, à sa patrie, ce dernier rempart de la domination hollandaise en Belgique. Son indomptable courage ne put triompher de la vaillante armée française, mais il sauva l'honneur de la Néerlande. La campagne des Dix Jours maintint la réputation d'intrépidité des Hollandais et les armées des deux nations qui n'auraient

---

(¹) Le premier mortier de 60 cents, système du colonel français Paixhans fut coulé en 1832. Un second mortier de 60 cents modifié, a été coulé en 1834, après la rupture du premier. C'est celui qui se trouve au musée de la Porte de Hal à Bruxelles,

(²) Manœuvrée par les Belges, cette bouche à feu tirait ses bombes en présence de quelques soldats français placés là en guise de pavillon couvrant la marchandise. (*Les aspirants* & par Navez, p. 110.)

jamais dû être ennemies, furent des adversaires dignes
l'une de l'autre. Belges et Hollandais avaient combattu
côte à côte, au XVIe siècle, pour la Liberté Religieuse et
l'Indépendance du territoire. Plus heureux que leur alliés,
les Hollandais obtinrent l'une et l'autre, et leur histoire
militaire se ressent de la salutaire influence que ces biens
si féconds exercent sur les destinées d'un peuple. Je me
souviens encore, avec émotion, du moment solennel où le
général hollandais Comte van Limburg-Stirum, un vétéran
mutilé du siége, en recevant du gouverneur militaire d'Anvers, les ossements de ses frères d'armes tués au champ
d'honneur, prononça, entre autres, ces paroles qui provo-
quèrent un vif enthousiasme et auxquelles tout patriote
néerlandais ou belge peut applaudir sans réserve : « Nous
» étions unis à Quatre-Bras et à Waterloo ; les événements
» de 1830 nous séparèrent, mais nous tendons aujourd'hui
» vers une alliance d'amitié stable, basée sur l'intérêt
» commun de l'Indépendance. Espérons que dans une
» prochaine grande guerre, on verra votre belle armée et
» la nôtre, verser de nouveau leur sang ensemble comme
» en 1815, pour la grande cause de la liberté politique. » (¹).

En 1815, l'artillerie des Pays-Bas avait brillé d'un vif
éclat; la part prise par la nôtre aux campagnes de 1830
et 1831 fut grande, noble et glorieuse. L'ordre du jour du
Roi à l'armée, en date du 15 août 1831, trois jours après le
combat de Louvain, en est le témoignage. Sa Majesté très
satisfaite des services qu'Elle avait vu rendre par notre
arme voulut avoir, à l'expiration de l'armistice de six

(¹) *Translation des ossements des militaires néerlandais, tués en 1832, au
siége de la citadelle d'Anvers.* — « Le Précurseur, n°s 233 et 234 du 21 et 22
août, 1871.

semaines qui se terminait le 15 octobre, *cent* pièces à mettre en ligne.

Le colonel d'artillerie Charles de Brouckère, devenu ministre de la guerre après les récents événements se consacra avec vigueur et intelligence à la réorganisation de nos forces nationales. L'artillerie fut belle et c'est avec orgueil que nos anciens nous parlent des batteries réorganisées et restées dignes de leur renommée.

La patrie reconnaissante ne marchanda pas la récompense à nos vaillants artilleurs et à la première nomination dans l'ordre de Léopold, le 15 décembre 1835, nous voyons figurer parmi les promus comme s'étant particulièrement distingués par leur bravoure, leur dévouement et les services qu'ils ont rendus :

Le lieutenant-colonel :	Du Pont (Pierre);	
id.	id.	Van Mons.
Les majors :	Kessels;	
	Rahier;	
	Lauwereys;	
	Rigano.	
Les capitaines :	Fonsny;	
	Gantois;	
	de Bounam de Ryckholt;	
	Du Pont (Louis).	
Le sous-lieutenant :	Imar.	
Les sergents :	Janssen;	
	Raeymaeckers;	
	Debacker;	
	Fritel.	
Les canonniers :	Lutz;	
	Valentyn;	
	Schouvemont.	

Les conducteurs :   Aubecq ;
                      Michel.
tous de l'artillerie de campagne.
Les capitaines :   Soudain de Niederwerth ;
                      Eenens.
Le sous-lieutenant : Hayez.
Le canonnier :   Vanderputte,
de l'artillerie de siége.

Par arrêté royal du 1ᵉ mai 1836 l'Ordre de Léopold fut décerné aux capitaines Pirson et Folie, aux lieutenants Gendebien et Dungelhoff, au sergent-major Cassieman et au caporal Boutems.

L'Etoile des braves vint orner la poitrine du sous-lieutenant Janssens, du sergent Dorgé, du canonnier Laurent, en récompense de leur courage, de leur excellente conduite et de leur dévouement lors des affaires d'août 1831. (Arrêté du 1ᵉ août 1836).

Enfin pour compléter cette liste déjà longue, n'oublions pas de rappeler que les capitaines La Huré, Camille, de Guaita, les sergents Verheyen, Lefèvre, Declercq, Merlin, Devos et l'adjudant de batterie Denys reçurent la croix pour récompense de leur conduite aux affaires d'août, pour le sang-froid et le courage dont ils firent preuve.

En commençant cet historique nous disions que le patrimoine de l'artillerie est riche en actions d'éclat, et nous croyons en avoir fourni la preuve.

La garde de ce patrimoine nous est confiée : nous inspirant des nobles sentiments qui faisaient agir nos prédécesseurs, nous devons l'augmenter par l'application au travail, par l'étude, par l'instruction et par la discipline. Ils aimaient la patrie par dessus tout, ils aimaient l'artillerie. Au souvenir glorieux de leurs travaux, tâchons de pratiquer, comme eux, les vertus patriotiques et militaires.

ANNEXE.

Par arrêtés royaux du 25 septembre 1834 et du 2 avril 1835, la Croix de Fer, instituée par la loi du 8 octobre 1833, fut décernée aux citoyens dénommés ci-après ayant fait partie de l'artillerie et qui, depuis le 25 août 1830 jusqu'au 4 février 1831, ont été blessés ou ont fait preuve d'une bravoure éclatante dans les combats soutenus pour l'indépendance nationale, ou ont rendu des services signalés au pays :

BOURNOUS (GUILLAUME), canonnier de la 3e batterie. Blessé d'un coup de sabre au bras gauche, le 23 septembre 1830, en combattant rue de Louvain, et d'un coup de feu au bras du même côté, le 25, en servant une pièce de canon, Place Royale, à Bruxelles.

BUSSCHOT (GILLES), sergent à la 8e batt. d'artillerie. Chef de pièce au combat de Lierre. Il s'y distingua par son sang-froid et son activité.

CARPIN (LOUIS), sergent à la 11e batterie. — Quoique blessé d'un coup de feu à la jambe droite, le 23 septembre 1830, Place Royale, il ne cessa de combattre, pendant les quatre journées, aux postes les plus périlleux, et fit ensuite toute la campagne en servant comme artilleur.

CHARLIER (dit la jambe de bois) capitaine d'artillerie en retraite, à Liége. Quoique marchant sur une jambe de bois, il fit partie du corps liégeois venu au secours de Bruxelles; il dirigea le feu d'une des pièces d'artillerie braquées sur la Place Royale, pendant les quatre journées à Bruxelles.

CHEL (FRANÇOIS), canonnier, 10me batterie d'artillerie. Un des canonniers qui montrèrent dans toutes les rencontres le plus de courage et de sang-froid. Il se distingua surtout à la défense de Lierre, le 18 octobre 1830, et à l'attaque du château la Tourelle, le 25, au combat de Berchem.

COCK (PIERRE-JOSEPH) 1er canonnier, artillerie de

campagne. Un des canonniers qui montrèrent dans toutes les occasions le plus de courage et de sang-froid. Il se distingua surtout à la défense de Lierre, le 28 octobre 1830, et à l'attaque du château la Tourelle, le 25, au combat de Berchem.

CONRARD (HENRI-JOSEPH), ex-volontaire liégeois, canonnier à la 12e batterie. Volontaire liégeois. Blessé à Bruxelles, le 23 septembre 1830, d'un coup de feu à la jambe.

CORDIER (PHILIPPE-ANTOINE), canonnier, artillerie de campagne, 8e batterie. Un des canonniers qui dans les divers combats déployèrent le plus de sang-froid; il se distingua surtout à Lierre.

DANSART (IGNACE), vitrier-peintre, à Bruxelles. Blessé d'un coup de feu au bras gauche, le 23 septembre 1830, en servant une pièce d'artillerie à l'hôtel de Belle-Vue, Place Royale, à Bruxelles. Il rejoignit la batterie bruxelloise avant la cicatrisation de sa blessure, et assista à tous les combats livrés aux environs de Maestricht.

DEBAUCHE (FRANÇOIS-HUBERT), sergent au 1er bataillon d'artillerie de siége. Atteint d'un coup de mitraille aux deux jambes en combattant, le 23 sept. 1830, à la Montagne du Parc, à Bruxelles.

DELAROQUE DE BEAUMONT (JACQUES-LOUIS-ERNEST), ex-lieutenant d'artillerie, à Bruxelles. Il s'opposa, à la tête de quelques volontaires, le 23 septembre 1830, à l'entrée des troupes hollandaises par la porte de Laeken, et reçut un coup de feu à la cuisse droite; il confectionna et fournit à ses frais une quantité considérable de munitions de guerre aux combattants.

DE MESMAKER (CORNEILLE), tisserand de tapis, à Bruxelles. Blessé d'un coup de feu au bras droit, le 23 septembre 1830, Place Royale, à Bruxelles, en servant la pièce d'artilerie nᵒ 1. Malgré sa blessure, il retourna au combat les jours suivants.

DEVADDER (JEAN-BAPTISTE), canonnier au 2e bataillon d'Artillerie de siége. Blessé d'un coup de mitraille à l'épaule gauche, le 25 septembre 1830, en combattant Place Royale, à Bruxelles.

DUFOSSÉ (Fr.-Joseph), capitaine au 3e bataillon d'artillerie de siége. Chef de pièce pendant les quatre journées, commandant la batterie d'artillerie bruxelloise, pendant la campagne de 1830, il se signala dans toutes les actions.

EENENS, capitaine d'artillerie. Refusa, le 1er octobre 1830, sur l'ordre du chef hollandais, de faire feu sur ses compatriotes à Namur, et coopéra puissamment à la reddition de la citadelle.

GAUDRY (Napoléon), médecin-adjoint, 10e batterie d'artillerie de campagne. Il se fit remarquer au combat d'Oostbourg, le 31 octobre 1830, en allant, à travers la mitraille, relever et panser les blessés, jusqu'au pied des retranchements ennemis.

GAUSSOIN (Eugène), sous-lieutenant, 10e batterie d'artillerie de campagne. Contribua à sauver sous le feu de l'ennemi, le 23 septembre 1830, une pièce de canon abandonnée à l'hôtel de Belle-Vue, Place Royale; refusa le grade d'officier d'état-major et s'enrôla comme simple artilleur.

GENDEBIEN (Alexandre), lieutenant à la 4e batterie d'artillerie de campagne. Agé de 17 ans, il fit partie du premier corps franc organisé par la Réunion centrale pour rétablir les communications entre Bruxelles et Louvain; il se distingua pendant les journées de Bruxelles et dans les combats soutenus sur la ligne de cette ville à Anvers, en s'exposant aux postes les plus périlleux.

GENOT (Edmond), trompette à la 9e batterie d'artillerie de campagne. Agé de 16 ans, il s'élança, pendant les quatre journées de Bruxelles, malgré la fusillade de l'ennemi, un drapeau national à la main, qu'il alla planter seul dans le Parc. Au combats de Lips, il alla de nouveau arborer son drapeau sur le toit d'une maison située près de la position occupée de l'ennemi.

GEORGESON (Jacques,) sergent à la 7e batterie d'artillerie de campagne. Chef de pièce, il se signala par sa bravoure et son sang-froid au combat de Lierre, le 18 octobre 1830.

GROSFILS (LAMBERT), maréchal des logis, 2ᵉ compagnie au bataillon du train d'artillerie. Blessé de deux coups de baïonnette à la tête, dans la nuit du 23 au 23 septembre 1830, au combat d'Oreye.

HARTOG (JOSEPH), canonnier à la 11ᵉ batterie. Répondant à l'appel national, il vint se ranger sous le drapeau de l'indépendance, le 26 septembre 1830; dans la matinée, il reçut un coup de feu à la cuisse gauche et au pied droit, en combattant Place Royale, à Bruxelles.

KESSELS (HERMAN), major d'artillerie, à Bruxelles. Commandant de l'artillerie dans les combats soutenus par le corps des volontaires, sous les ordres du colonel Niellon, il donna, dans les journées de Bruxelles et dans les divers combats, des preuves de bravoure.

LAMBOT (GUILLAUME), lieutenant, 11ᵉ batterie d'artillerie de campagne. Chef de pièce, dans les journées de Bruxelles et dans les combats livrés sur la ligne de Bruxelles à Maesticht, il se fit particulièrement remarquer par son courage et son activité.

LECOCQ (CHARLES), capitaine à la 13ᵉ batterie d'artillerie de campagne. Il amena d'Ath à Bruxelles, le 27 septembre 1830, une batterie d'artillerie et 70 canonniers. Dans la nuit du 2 au 3 octobre 1830, il commandait l'expédition d'Eppeghem.

LEPAFFE (MARTIN-ANTOINE), sergent à la 3ᵉ batterie d'artillerie de campagne. Commandait au combat de Sᵗᵉ-Walburge, le 30 septembre 1830, la batterie dite du Puits.

LUYCKX (JEAN), conducteur de pièce, 1ʳᵉ batterie d'artillerie de campagne. Quitta son emploi de commis au bureau de l'enregistrement, à Westerloo, dès les premiers jours d'octobre 1830, pour former une compagnie de volontaires à la tête de laquelle il combattit sur la ligne de Lierre à Anvers. Un des volontaires qui, à l'expédition de Bar-le-Duc, le 9 novembre 1830, attaquèrent et mirent en déroute un fort détachement de cuirassiers ennemis.

MELLINET, général de brigade, à Bruxelles. Commandant en chef l'artillerie bruxelloise pendant les journées de septembre; général commandant le corps de volontaires sur la ligne de Bruxelles à Anvers, à la frontière du Brabant septentrional et au blocus de Maestricht.

PARENT (Henri), à Bruxelles. Artilleur des journées de Bruxelles; un des volontaires qui pénétrèrent, dans la nuit du 23 au 24 septembre, dans la caserne des Annonciades, et y enlevèrent dix barils de poudre.

PARRIENS (Emmanuel), marchand, à Tirlemont. Les canonniers d'une pièce braquée sur la Place Royale ayant été mis hors du combat, il continua seul à en diriger le feu. Il organisa une compagnie de volontaires tirlemontois, en prit le commandement et assista avec elle aux combats livrés de Bruxelles à Maestricht.

PELERIN (Jean-Pierre), 2e canonnier au dépôt d'artillerie de campagne. Se porta, le 23 septembre 1830 au matin, derrière un candélabre de la rue Royale, à Bruxelles; tua un officier porteur d'un étendard, dont il s'empara, sous le feu de l'ennemi.

RAES, (Pierre-Joseph) à Liége. Blessé au pied gauche, le 25 septembre 1830, en servant la pièce de canon n° 2, Place Royale, à Bruxelles, il s'arma d'un fusil et continua à combattre parmi les tirailleurs.

ROMBAUX (Nicolas), sergent, 10e batterie d'artillerie de campagne. Il attaqua à coups de pierres, le 4 septembre 1830, avec quatre bourgeois, le poste de la Place de Meir, à Anvers; obligé de quitter la ville, il se réfugia à Bruxelles; au combat de Dieghem, il fut atteint par une balle morte à la poitrine.

SARTON (Pierre) à Bruxellos, artilleur bruxellois, atteint d'un coup de feu à la tête, dans la journée du 23 septembre 1830, en servant sa pièce, Place Royale.

SNEL (Gaspard), capitaine garde-magasin d'artillerie, à Bruxelles. Dans la nuit du 23 au 24 septembre 1830, il pénétra à la tête de six bourgeois dans la caserne des

III

Annonciades, et enleva à proximité de l'ennemi dix barils de poudre; le 24 au matin, il partit pour Castiaux et rentra à Bruxelles, le 25 au soir, avec 1,750 kilogr. de poudre.

STEINIER (Constant-François) formier, à Bruxelles. Il se fit remarquer en servant seul une pièce dont les autres canonniers avaient été mis hors du combat, le 24 septembre 1830, sur la Place Royale, à Bruxelles. Blessé d'un coup de feu à la hanche gauche en servant une pièce à Berchem, le 24 octobre 1830.

STEVENS (Henri), maréchal-ferrant à la 11e batterie. Blessé d'un coup de sabre à la main droite, le 24 septembre 1830 au matin, en désarmant un sergent hollandais; dans la même journée, il s'élança dans le Parc, sous le feu de l'ennemi.

T'SERSTEVENS (Joseph), trompette à la 5e batterie. Blessé d'un coup de feu à la jambe droite, le 24 septembre 1830, en combattant rue Royale, à Bruxelles.

VAN AEFFERDEN (Jean-Hubert-Félix), lieutenant au 1er bataillon d'artillerie de siége. Contribua à développer l'esprit national à Ruremonde et à organiser la résistance aux actes oppressifs du gouvernement déchu. Il recruta, organisa, arma et solda à ses frais un grand nombre de volontaires.

VAN DER MUNTER (Jean) canonnier à la 12e batterie. Blessé d'un coup de feu à la main droite, le 24 septembre 1830, en combattant Montagne du Parc, à Bruxelles.

VAN LAMOEN (Joseph-Louis-Charles), sergent-major au 2e bataillon d'artillerie. Le 30 septembre 1830, au moment où un lieutenant hollandais venait de commander le feu sur le peuple de Menin, il s'opposa à l'exécution de cet ordre; le commandement ayant été réitéré, il arracha la mèche enflammée des mains du canonnier et empêcha ainsi l'effusion du sang.

VAN MOLLE (Pierre), conducteur, 3e batterie. Blessé

d'un coup de feu à la main droite, le 23 septembre 1830, en combattant au Parc, à Bruxelles.

VERHEYLEWEGHEM (Pierre), conducteur, 3e batterie. Blessé d'un coup de feu au bras droit, en combattant Place Royale, à Bruxelles, le 24 septembre 1830.

WARY, (Jean-Joseph), sergent au dépôt d'artillerie de campagne. Arbora, malgré l'opposition des autorités, le drapeau national dans la province de Luxembourg, sur le clocher de l'église de Porcheresse. Il provoqua la formation d'une garde pour la conservation de ce drapeau, et resta en faction jusqu'à ce quelle fût organisée.

www.ingramcontent.com/pod-product-compliance
Ingram Content Group UK Ltd.
Pitfield, Milton Keynes, MK11 3LW, UK
UKHW022056070726
13613UKWH00002B/823